0201

战机档案：美军战机·8

〔美〕吉姆·温切斯特 著

张立功 马江平 译 晁祥林 校

中国市场出版社
China Market Press

图书在版编目（CIP）数据

战机档案：美军战机·8/（美）温切斯特（Winchester, J.）著；张立功，马江平译. —北京：中国市场出版社，2014.1

书名原文：American Military Aircraft

ISBN 978-7-5092-1107-6

Ⅰ.①战… Ⅱ.①温…②张…③马… Ⅲ.歼击机—介绍—美国 Ⅳ.①E926.31

中国版本图书馆CIP数据核字（2013）第153231号

Published by China Market Press.

著作权合同登记号：图字01-2012-7439

出版发行 中国市场出版社

地　　址 北京市西城区月坛北小街2号院3号楼　**邮政编码** 100837

出版发行 编 辑 部（010）68034190　读者服务部（010）68022950

发 行 部（010）68021338　68020340　68053489

68024335　68033577　68033539

总 编 室（010）68020336

盗版举报（010）68020336

邮　　箱 1252625925@qq.com

经　　销 新华书店

印　　刷 北京九歌天成彩色印刷有限公司

规　　格 170毫米×240毫米　16开本　**版　　次** 2014年1月第1版

印　　张 13　**印　　次** 2014年1月第1次印刷

字　　数 210千字　**定　　价** 58.00元

目录
CONTENTS

派珀公司（PIPER）

美国共和飞机公司（REPUBLIC）

罗克韦尔（ROCKWELL）

塞维尔斯基公司（SEVERSKY）

西科斯基公司（SIKORSKY）

北美飞机公司（NORTH AMERICAN）

FJ“愤怒”（Fury）飞机

- 20世纪50年代舰载喷气歼击机
- F-86机型的衍生设计

北美飞机公司的“愤怒”FJ-1开始的时候是直翼飞机，是第一批在作战条件下飞到海上的喷气歼击机。在美国海军努力效仿美国空军、使用德国的研究数据生产后掠翼歼击机之后，FJ“愤怒”就获得了新生，成为相当于F-86“佩刀”的舰载机。后掠翼“愤怒”是海军在20世纪50年代使用广泛的第一种携带导弹的歼击机。

北美飞机公司FJ“愤怒”飞机

▲ “海军化”的佩刀

FJ-2是第一种后掠翼机的改型机，是海军化的F-86F“佩刀”飞机，带有折叠机翼和20毫米航炮。

▲ 火箭发动机助推

为了试验一种火箭装置，在两架FJ-4上安装了1台AR-1发动机和机头测试仪器。

▲ 可进行空中加油的FJ-4

与FJ-3一样，在FJ-4B的左侧机翼上有一个空中受油嘴，飞机可以携带“伙伴”加油装置。

FJ-4“愤怒”飞机

类型：单座舰载歼击机

动力装置：1台34.25千牛（7700磅）推力莱特J65-W-16A涡喷发动机

最大速度：海平面1094千米/小时（678英里/小时）

续航：859千米/小时（534英里/小时）

初始爬升率：2334米/分钟（7655英尺/分钟）

航程：3250千米（2015英里）

作战升限：14265米（46800英尺）

重量：净重5991千克（13180磅），满载10750千克（23650磅）

武器配备：4门20毫米航炮，最多1360千克（3000磅）武器（包括炸弹、火箭弹或4枚AAM-N-7“响尾蛇”空对空导弹，在四个机翼挂架上）

外形尺寸：翼展 11.91米（39英尺1英寸）

机长 11.07米（36英尺4英寸）

机高 4.24米（13英尺11英寸）

机翼面积 31.49平方米（339平方英尺）

◀ 虽然在开始的时候人们对后掠翼飞机在航母上的适用性很担心，但美国空军的F-86“佩刀”说服了美国海军，最后采用了FJ-2飞机。

◀ **VMF-232“红魔”**

海军陆战队第232歼击机中队的FJ-2飞机创下了海军陆战队的飞行纪录，在一个月内飞行了2558小时。一共有52名飞行员和21架飞机参加。FJ-2带有与F-86F“佩刀”飞机一样的板条机翼。

◀ **J-4B攻击歼击机**

这架最终的“愤怒”改型机有6个翼下挂架，可以携带诸如小斗犬这样的空对地导弹。

北美飞机公司生产的美国海军飞机

■**SNJ“得克萨斯人”**：与美国陆军航空兵和盟军的空军一样，从20世纪30年代晚期开始，美国海军接收了几百架“得克萨斯人”飞机，用于飞行员训练。

■**AJ“野人”**：AJ是在1946年作为舰载核攻击机订购的，有两台活塞发动机，尾部有一个小型涡喷发动机。

■**T2J“橡树”**：从1959年开始，T2J是作为美国海军的全用途教练机开始服役的，有单发和双发两种机型。

■**A3J“民团团员”**：A3J从1962年被称作A-5，在1961年登上了“企业号”航母，作为全天候攻击机开始服役。

FJ-1“愤怒”飞机

VF-5A（后为VF-51）歼击机中队的飞机都带有唯一配备了FJ-1飞机的中队的标记。这架飞机是所交付的30架FJ-1飞机中的一架。仅仅服役了14个月之后，它们就被转给了后备役部队。

FJ-1的机头上装有6挺12.7毫米（0.5英寸口径）机枪，是具有“半英寸”口径机枪的最后一批美国海军的飞机。

与麦道的FH-1“鬼怪”飞机一样，FJ-1也能够“跪在”航母的甲板上——收回前起落架并固定在一个小轮子上。这方便了飞机的存放，却不用折叠机翼。

为了增加FJ-1的航程，在飞机上安装了625升（165加仑）的翼尖油箱。减速板是所有FJ改型机的特点，尤其是FJ-4B攻击机。

围绕着通用电气的J35轴流涡喷发动机进行设计，“愤怒”飞机试用了艾利逊制造的这种发动机的变形发动机，可产生17.8千牛（4000磅）的推力。进气口在飞机的机头处。

FJ-4飞机档案

- FJ-1于1946年11月27日首飞之后就成了美国海军的第一种作战舰载喷气机。
- FJ-3M和FJ-4能够携带AAM-N-7空对空导弹。
- 从1954年1月开始，所有200架FJ-2都交付给了海军陆战队的歼击机部队。
- 最后的“愤怒”改型机FJ-4B配有LABS低空核武器投放系统。
- “愤怒”飞机一直在海军后备役部队中服役到20世纪60年代。
- 北美飞机公司的哥伦比亚和俄亥俄飞机工厂总共交付了1115架后掠翼“愤怒”飞机。

第一种可作战的舰载喷气歼击机

上图： 1946年11月27日，第一架编号为XFJ-1 39053的“愤怒”飞机飞上了天。30架FJ-1注定是“歼击机熟练化”的飞机，而不是作战机型。

上图： 第VF-21飞行中队的FJ-3在美国航母福莱斯特号上服役。最后的FJ-3飞机是在1956年交付的，比这艘新航母的服役晚了一年。

深蓝色的FJ-1从平直机翼飞机变成灰白色的带圆滑后掠翼的FJ-4飞机，美国海军和海军陆战队的北美飞机公司的FJ“愤怒”歼击机标志着从喷气时代开始以来十年的进步，并继续向着超音速时代前进。虽然从20世纪40年代到1958年的贝鲁特危机，“愤怒”从没有参加过战争，但飞机已经武装好了，随时准备参战。

1948年，当30架直翼的FJ-1“愤怒”歼击机登上了“拳击手”航母之后，它们就是天上的最新和最快的飞机。当FJ-1“愤怒”被其他喷气机（海军的重点是直翼的F9F“黑豹”飞机，是朝鲜战争中标准的歼击机）超越的时候，在不到两年的时间中就被转给了后备役部队，后来就退役了。同时，北美飞机公司已经为美国空军研制出了以FJ-1为基础的更快的后掠翼飞机，命名为F-86“佩刀”。后掠翼FJ-2、FJ-3和FJ-4“愤怒”歼击机产生于生产海军化F-86的设想。虽然第一架FJ-2“愤怒”飞机与“佩刀”没有多大差别，也是蓝色，但FJ-3和更先进的FJ-4带有导弹的攻击机却使用了新型发动机，机身和设备也有了大的改变。

效果数据

推力

虽然海军在20世纪50年代的喷气歼击机使用了加力燃烧室，但缺少动力十足的发动机还是影响了飞机。在“弯刀”飞机上安装了双发，克服了这个问题。

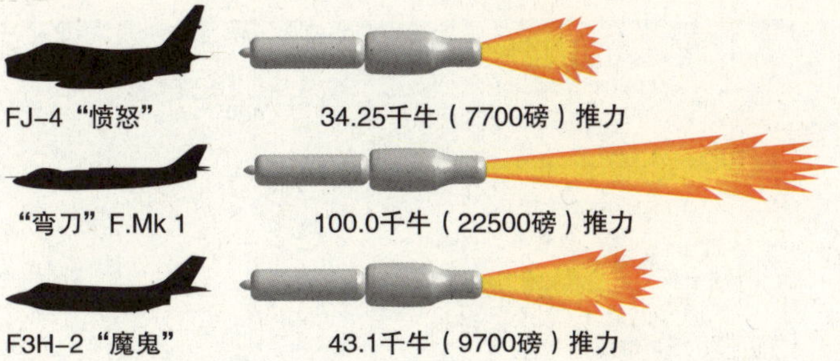

最大速度

虽然“弯刀”有两台发动机，但飞机的重量限制了它的最高速度。麦道的F3H“魔鬼”飞机比“愤怒”飞机还要大，早期的机型动力不足。

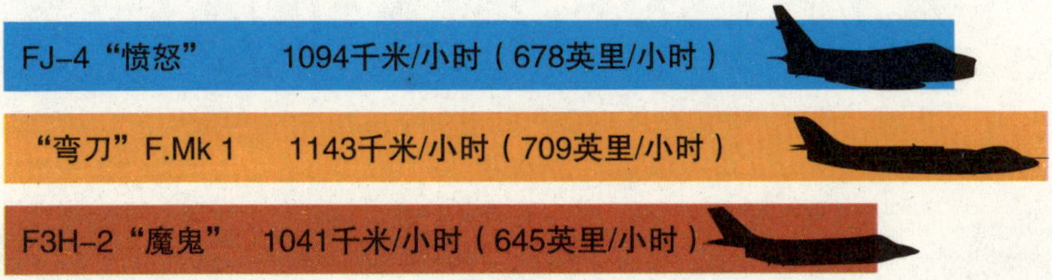

爬升率

先进的机翼和发动机设计以及改进的推重比反映在诸如“弯刀”和“魔鬼”这样的飞机的较好爬升率上。

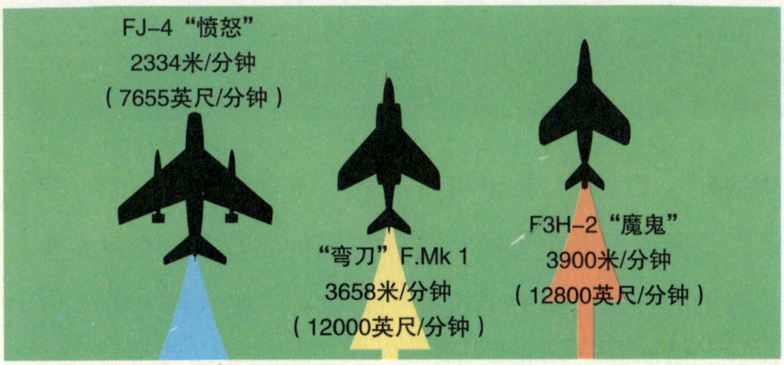

T-28“特洛伊人”（Trojan）飞机

● 基本教练机 ● 反叛乱飞机 ● 在国际上服役

由于北美飞机公司的SNJ教练机寿命快要到期了，美国海军发布了针对新的舰载基本教练机的规范。这种飞机被命名为XSN2J-1，很容易适应类似于美国空军对XBT-28的要求，训练了数千名美国的飞行员。在越南执行作战任务使得这种飞机名声大噪。

北美飞机公司T-28“特洛伊人”

▲ **海军的飞机**

T-28飞机中色彩最艳丽的是美国海军使用的具有醒目标记的飞机。这些飞机飞行了20多年，于1984年退役。

T-28D飞机档案

- T-28在越南的空中突击队中发挥了重要作用，后来被A-1“空中袭击者”所替代。
- 所有三种美国武装部队都使用北美飞机公司的大型教练机。
- 这种飞机的法国机型在阿尔及利亚被用来打击恐怖分子。
- 费尔柴尔德飞机公司被委以把早期的飞机改成T-28D轻型攻击机的重任。
- T-28飞机是国际“战鸟”圈中的最常见的展示飞机。
- 在一架T-28上装了一个加强舱盖，进行恶劣天气条件下的试验。

◀ **新生**

剩余的T-28A装有后来机型的发动机和设备在民用市场上出售。

◀ T-28飞机是帮助一代美国飞行员长上翅膀的飞机。在越南，飞机证明在打击越共方面非常有用。

◀ **盲飞罩**

为了进行仪表飞行或夜间飞行训练，在飞机上的学员位置上安装了一个盲飞罩。

▲ **带有涡桨发动机的“特洛伊人”**

为了克服T-28的一些缺点，三架YAT-28E使用的是涡桨发动机。虽然试验相当成功，这架改型机却没有进行生产。

▲ **反叛乱**

T-28D歼轰机主要由小型部队用来打击游击队。

由于T-28A的基本训练功能，它配备了前后排列的座椅，带有全双操纵装置和盲飞设备。T-28D的特点是带有装甲的座位和头枕，而许多AT-28D（T-28D是从费尔柴尔德飞机改装而成的）安装的是弹射座椅。

动力十足的星形发动机使得T-28在这里显示了明显“下坠”的发动机整流罩。尽管中国台湾航空业发展中心的改装飞机后来获得了成功，但美国对涡桨动力的实验却毫无结果。

当北美飞机公司把T-28变成了第一架具有三轮起落架的美国教练机时，它放弃了基本教练机的传统的后轮起落架布局。

T-28A“特洛伊人”

中国台湾空军接收了许多T-28A飞机。飞机在当地进行改装，安装1080千瓦（1450马力）莱康明T53涡扇发动机。

T-28D飞机的疲劳问题使得过早地把它从越南撤下来了。疲劳问题是在长期战斗造成两架飞机机翼脱落之后发现的。

“特洛伊人”参战

在XT-28于1949年9月26日首飞之后，它就发展成了T-28“特洛伊人”，没有做多少改变。由于能够担当基本的武器训练任务，最终大约订购了1194架“特洛伊人”。

T-28在服役的时候有些令人失望，使得美国空军最终在T-34“教练”上进行30小时的T-28前课程，以便克服“特洛伊人”的缺点。由于美国海军是设计的倡导者，它接收了海军化的T-28B和T-28C机型。美国海军比起美国空军对T-28更满意，主要是因为飞机的动力增大了。

美国空军由于记住了美国海军的经验，决定给T-28A安装动力更大的发动机，这就改成了20世纪60年代的T-28D标准机。新机型主要是作为反叛乱飞机，在越南得到了广泛使用。也出口了几架飞机。

法国需要一架反叛乱飞机在阿尔及利亚使用，这导致了在法国国内进行改装。于是，产生了T-28S Fennec机型。

上图： 由于T-28B有着较小的前轮和拦阻钩，它与T-28A不同——安装了一个机身下的减速板。许多T-28B都改成了T-28BD靶机控制飞机。

上图：法国的苏德飞机公司把大约148架T-28A改成了T-28S Fennec标准机型。

T-28D“特洛伊人”

类型：双座反叛乱飞机

动力装置：1台1063千瓦（1425马力）莱特R-1820-86旋风14缸星形活塞发动机

最大速度：552千米/小时（342英里/小时）

最大爬升率：海平面时为1079米/分钟（3540英尺/分钟）

转场航程：1706千米（1060英里）

升限：10820米（35500英尺）

重量：净重2914千克（6410磅），满载3856千克（8483磅）

武器配备：最多为1814千克（4000磅）炸弹，机枪架、火箭弹和凝固汽油弹安装在6个翼下硬点上

外形尺寸：翼展 12.22米（40英尺1英寸）

机长 10.06米（33英尺）

机高 3.86米（12英尺8英寸）

机翼面积 24.90平方米（268平方英尺）

在20世纪50年代服役的北美飞机公司的飞机

■**AJ-1“野人”**：舰载核轰炸机

AJ-1带有混合动力装置，在20世纪50年代的早期一直服役。

■**B-45“飓风”**：虽然B-45的设计为轰炸机，但它的RB-45C机型更多被用作一种侦察平台。

■**F-86“佩刀”**：美国的第一批后掠翼喷气歼击机在朝鲜上空非常成功，击落了许多架米格-15飞机。

■**FJ-2“愤怒”**：这种海军化的“佩刀”飞机是直翼机FJ-1的后继机型，美国海军采用了这种飞机。

效果数据

最大速度

北美飞机公司成功地用T-28A替代了美国海军的T-6“得克萨斯人”。新飞机比20世纪30年代的T-6快，是发展新一代喷气战机的较好平台。

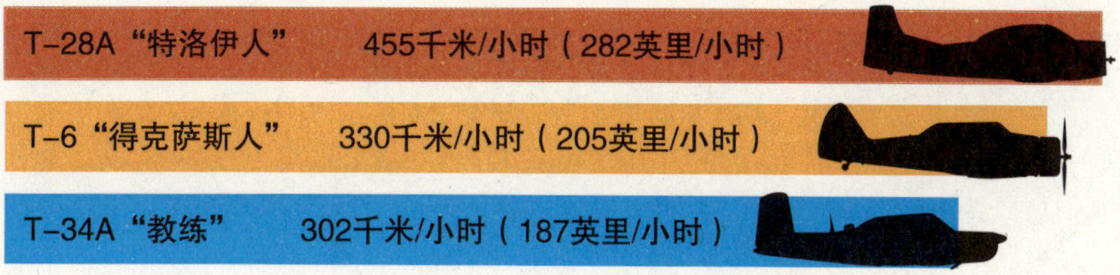

航程

T-28A的航程很大，是一种能转成轻型攻击的优秀飞机。T-28A的外部油箱从来都没有安装，但它可以携带两个油箱，可延长在战区的逗留时间。

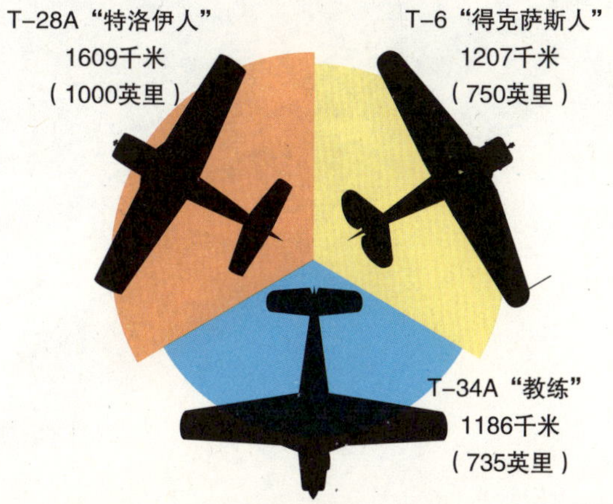

爬升率

T-28A带有强大的旋风发动机，爬升时可以轻易地超过T-6和T-34A。购买T-34A是要替代T-28A的。T-28A的性能使得转成T-33A高级喷气教练机非常容易。

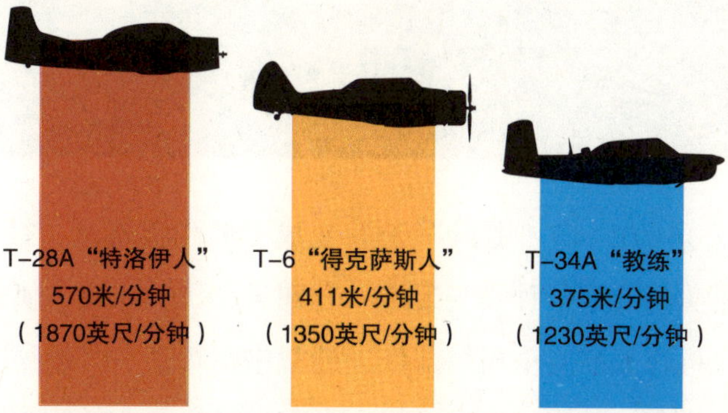

北美飞机公司（NORTH AMERICAN）

B-45“飓风”（Tornado）飞机

● 早期的喷气轰炸机 ● 侦察机 ● 执行秘密任务

北美飞机公司的B-45“飓风”于1947年首飞，是美国的第一种喷气轰炸机。“飓风”飞机在战略空中司令部作为核轰炸机进行了有限的服役之后，就变成了照相侦察机，被称为RB-45C。“飓风”飞机在充当侦察机的时候，在冷战中执行了一些最秘密的侦察任务，还有少量的飞机在朝鲜作战。

北美飞机公司B-45“飓风”飞机

◀ **RB-45C翼尖油箱**

B-45C的额外燃油是装载在两个翼尖油箱中，每一油箱的容量为4542升（1200加仑）。在RB-45C上还保留着这些油箱。

◀ **“飓风”飞机的特点**

北美飞机公司在每一个机翼下都安装了两台喷气发动机。否则，机身的仅有创新就只有舱盖和机身上的受油接头了。

◀ **新制造的B-45C**

虽然新制造了10架B-45A飞机，但大多数都是从B-45A改成的，这架飞机就是10架中的第二架。这架飞机似乎是执行飞行试验的飞机。

◀ **传统的轰炸机**

虽然B-45A的主要任务是进行战术核攻击，它也可以投放炸弹。无框架的舱盖是B-45A的明显特点。

◀ 虽然“飑风”飞机在技术上还不够成熟，但它是美国空军的一种重要的填补空缺的轰炸机，也是一种有用的照相侦察平台。

◀ **空中加油**

RB-45C飞机（尤其是从英国起飞执行远程侦察任务的飞机）是由波音KB-29P加油机进行支持的。

美国空军的“窥探”飞机

■**道格拉斯RB-66B“毁灭者”**：这种B-66B轰炸机的专用侦察机型在越南上空执行危险的任务，刺探邻国的军情。

■**马丁（通用动力）RB-57F**：通用公司给B-57“堪培拉”飞机加上了新机翼、尾翼、发动机和传感器，从而生产出了高空侦察机。

■**洛克希德SR-71A“黑鸟”**：有报告说，在苏联空域进行侦察的时候，SR-71A的加速度比飞过来进行截击的米格-25“狐蝠”飞机快。

■**洛克希德U-2**：几种U-2的改型机被用来进行世界上最臭名昭著的间谍飞行。至少有两架飞机在冷战中被击落。

B-45C飞机档案

- 侦察机RB-45C“飑风”的内舱中装有25枚M122闪光炸弹。
- 少量的“飑风”被当作TB-45A使用，用于目标拖曳。
- 1947年3月17日，第一架B-45飞机在穆罗克的干湖升空。
- RB-45C由皇家海军的飞行员秘密驾驶，在苏联上空执行侦察任务。
- 1950年12月4日，一架RB-45C在朝鲜上空被一架米格-15飞机击落。
- 改进的B-45C飞机可携带9979千克（21950磅）的炸弹。

所有轰炸机改型机的特点都是带有这种玻璃窗机头，而在机头区安装的是轰炸瞄准具。侦察机使用的是这种结实的机头。

突出舱盖的能见度是很好的。有两名驾驶员驾驶“飑风”飞机，一前一后地坐在增压舱中。

尾炮手坐在增压的尾炮塔中，球形雷达罩里面是进行瞄准的测距雷达。

在把飞机转成B-45C标准型飞机时，B-45A的17.8千牛（4000磅）推力通用电气J47涡喷发动机被23.1千牛（5200磅）推力J47-GE-13/15发动机所替代。这些发动机使用喷水装置的推力可达26.7千牛（6000磅）。水存放在发动机吊舱下面的可抛弃水箱中。

B-45C“飓风”

1952年，美国把B-45C战术核轰炸机部署到位于诺福克的英国皇家空军。第47轰炸大队有三个中队，其中包括了第86中队。这里所示的飞机就是这个中队的一架飞机。

为了防止在下落炸弹的周围产生涡流，炸弹舱门部分收回到机身中去。

明显的上反角是尾翼的一个特点。上反角是要避开喷管的喷气。热气可损坏飞机结构，使得尾翼的气动性降低。

飞机的炸弹舱中最多可以携带9979千克（21950磅）的常规或核炸弹。RB-45C还有额外的燃油箱和闪光弹。

两挺7.62毫米（0.30英寸口径）的勃朗宁M7机枪用于飞机后方防卫。

冷战中的“驱逐”轰炸机

美国的第一架到了飞行试验阶段的四发喷气轰炸机是北美飞机公司的B-45“飓风”飞机，它是从1944年开始的早期喷气机设计方面的科学进步的结果。B-45把当时新的涡喷推进系统与现在的重型轰炸机技术结合在一起，是一种非常落后的飞机——在螺旋桨时代的机身上装上了最新的喷气发动机。

B-45原来的设计有4名机组人员（2名飞行员、1名投弹手和1名机尾炮手），1948—1952年主要在路易斯安那州的巴克斯戴尔空军基地的战略空中司令部服役，之后在英国进行了短期服役。然而，这是快速变化期，B-45没有携带巨型Mk II核弹的能力。

“飓风”的速度非常慢，无法逃脱苏联歼击机和防空炮火的攻击，所以作为轰炸机的历史就中断了。就像RB-45C侦察机一样，“飓风”（去掉了机尾机枪）的性能改善了，服役期较长。这些飞机沿着（有时候跨过）苏联边界执行“白鼬”任务，考验着飞机的极限。许多架飞机与苏联的歼击机交战。有一个小型的RB-45C分遣队被派往日本，参加朝鲜战争。

下图：在这架B-45A飞机上可以看见早期飞机上的无框舱盖。但所有的轰炸机都带有机头玻璃窗。

上图：在B-45C上使用了有框舱盖，这架“飓风”没有安装翼尖油箱，是一架发动机试验机。

B-45C“飓风”飞机

类型： 4发中程战术核轰炸机

动力装置： 4台26.7千牛（6000磅）推力（起飞或应急时带有喷水）通用电气J47-GE-13/5涡喷发动机

最大速度： 917千米/小时（570英里/小时）

航程： 4072千米（2525英里）

升限： 12270米（40250英尺）

重量： 净重22672千克（49983磅），最大起飞重量50222千克（110720磅）

武器配备： 2挺12.7毫米勃朗宁M7机枪，尾部位置的机枪有400发子弹，最多9979千克（21950磅）核弹或常规炸弹

外形尺寸： 翼展 29.26米（96英尺）

机长 23.14米（76英尺）

机高 7.67米（25英尺）

机翼面积 109.16平方米（1200平方英尺）

效果数据

最大速度

这三种飞机是早期"喷气"侦察机的代表。RB-66C是后掠翼，速度是最快的，而英国电子公司的堪培拉PR.Mk 3和RB-45C则不分伯仲。"飓风"飞机很快就被更现代的技术超越了。

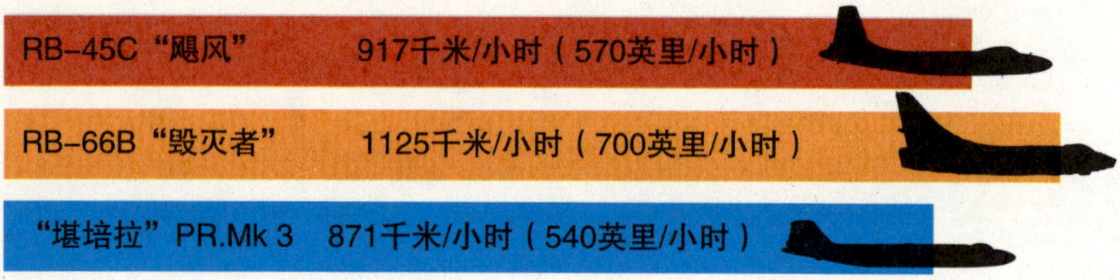

升限

在有效的空对空导弹系统还未出现的时候，这些飞机在早期执行任务时在高空飞行，这某种程度上可避开敌方歼击机的拦截，利用高空摄像机可从高空拍摄大片区域。

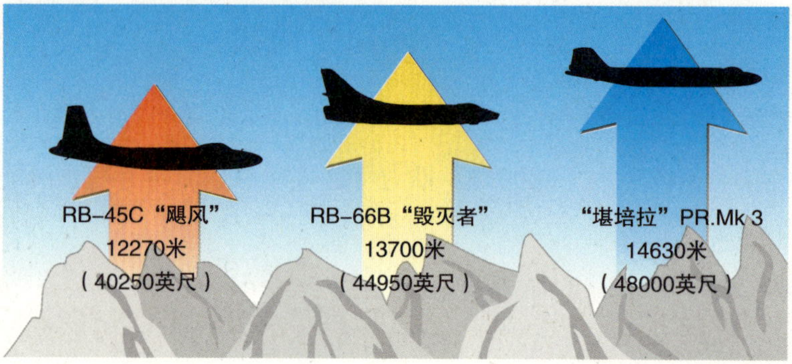

航程

"堪培拉"具有良好的航程，证明是一种出色的侦察平台，新型号还在服役之中。RB-66C和RB-45C的航程是有限的，但这两种型号的优点是都能进行空中加油。

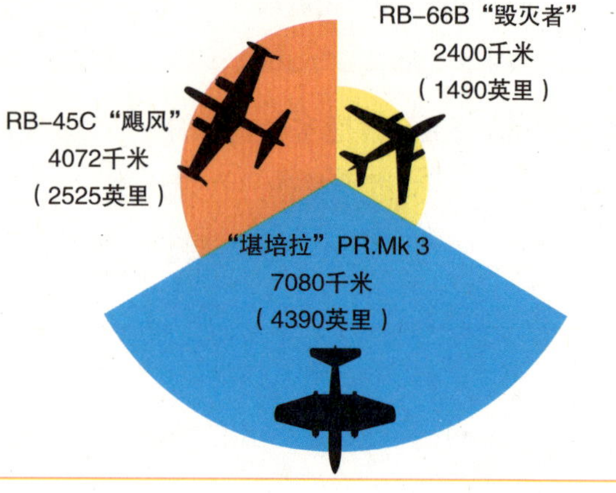

北美飞机公司（NORTH AMERICAN）

F-100"超级佩刀"飞机

● 美国空军的第一架超音速喷气机 ● 零长度发射 ● 参战飞机

"佩刀"45是授予北美飞机公司所努力打造的非常成功的F-86"佩刀"的超音速发展性飞机的名称，它是指机翼的45度后掠角。但事实证明这个项目并不是想象的那样容易。但在把早期的问题都解决了之后，最终的结果是值得的，尤其是在越南。虽然"超级佩刀"的事故率高于其他机型，但它赢得了许多航空迷的喜爱。

北美飞机公司F-100“超级佩刀”飞机

▲ **雷鸟**

第一架F-100C歼轰机于1955年9月飞上了天空。总共制造了476架飞机，一些装备了美国空军的飞行表演队。

▲ 在F-100的最辉煌的日子里，它装备了美国空军16个飞行大队。当有了较快的截击机之后，它被用作了歼轰机，是美国空军中第一种在平飞状态下达到了马赫数1的歼击机。

▲ **零长度发射**

最终的F-100D能够被667千牛（150075磅）推力的火箭助推器从原子弹防护掩体中进行零长度发射。

▲ **短尾的F-100A**

第一批70架生产型F-100A的垂尾较短，可造成滚装操纵问题。

◀ **双座战斗教练机**

一架F-100C被改成了双座TF-100C，这是F-100F的原型机。总共制造了339架。

RF-101C飞机档案

◆ 试飞员乔治·韦尔奇先生把第一架YF-100的加力燃烧室的作用比作“被健壮的驴踢了一脚”。

◆ 200多架剩余的F-100飞机被改成了QF-100靶机。

◆ 1956—1970年，由于事故而损失了500多架F-100D飞机。

◆ 1955年8月20日，美国空军的一位上校驾驶F-100C创下了超过马赫数1的世界纪录——1323.03千米/小时（820.27英里/小时）。

◆ 第一架越洋的F-100的机型是F-100C，飞行中进行了空中加油。

◆ 1956年，美国空军的F-100飞机部署到德国和日本。

▲ **武装各国空军**

“超级佩刀”出口到了法国、中国台湾、丹麦和土耳其，而土耳其是直到20世纪80年代后期还在使用这种飞机的最后一个用户。前美国空军的这种飞机都被用作QF-100靶机。

F-100D“超级佩刀”飞机

类型：单座歼轰机

动力装置：1台75.4千牛（17000磅）推力普拉特·惠特尼J57-P-21A 加力燃烧涡喷发动机

最大速度：1436千米/小时（890英里/小时）

初始爬升率：5045米/分钟（16548英尺/分钟）（干净构型）

航程：2494千米（1546英里），带有两个副油箱

升限：14020米（45986英尺）

重量：净重9526千克（20957磅），最大起飞重量15800千克（34760磅）

武器配备：4门M-39E 20毫米航炮，最多为3402千克（7484磅）的外挂物，包括炸弹、燃烧弹、火箭弹和导弹

外形尺寸：翼展 11.82米（39英尺）
机长 14.36米（47英尺）
机高 4.94米（16英尺）
机翼面积 35.77平方米（385平方英尺）

佩刀/“超级佩刀”家族

■**FJ“愤怒”**：北美飞机公司生产的第一架喷气歼击机就是美国海军的直翼机“愤怒”，它是后掠翼机型和F-86的基础。

■**F-86“佩刀”**：美国海军的第一种后掠翼喷气歼击机“佩刀”在朝鲜战争中得到广泛使用，一直服役到1965年。

■**YF-93**：原来被命名为F-86C，它装有带加力燃烧的发动机，但受到“佩刀”的机翼设计的限制。

■**YF-107A**：是F-100的全天候歼击机/歼轰机的发展型，原来被称作F-100B。它输给了F-105。

F-100D“超级佩刀”飞机

这架飞机带有第481飞行中队的标记，这架“大亨”（飞机的绰号）是二战P-47王牌飞行员哈尔·康斯托克中校的飞机。飞机上带有头颅标记和7架被击落的德国飞机的标记。

这架飞机代表了早年美国空军在越南战争中所使用的F-100飞机。伪装色是后来喷涂到在东南亚的所有战术飞机上的。请注意喷涂在机头上的轰炸任务符号。

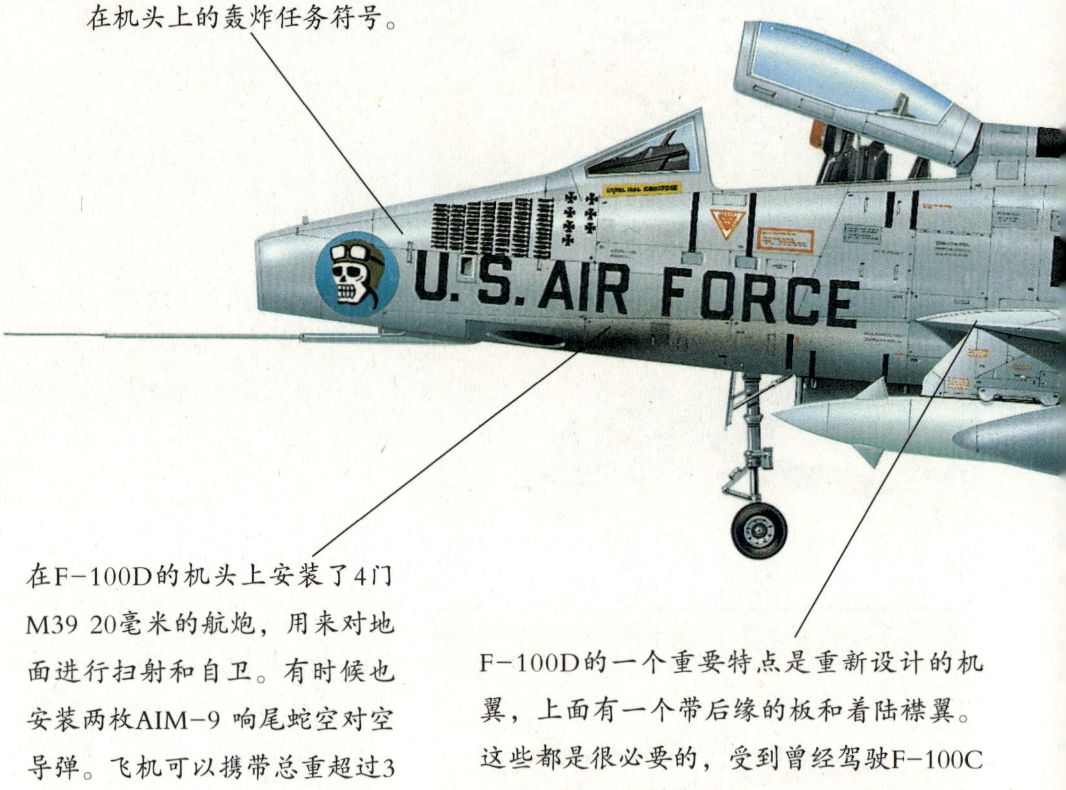

在F-100D的机头上安装了4门M39 20毫米的航炮，用来对地面进行扫射和自卫。有时候也安装两枚AIM-9 响尾蛇空对空导弹。飞机可以携带总重超过3吨的空对地炸弹，包括凝固汽油弹、炸弹、火箭弹和小斗牛犬导弹等。

F-100D的一个重要特点是重新设计的机翼，上面有一个带后缘的板和着陆襟翼。这些都是很必要的，受到曾经驾驶F-100C进行高速着陆滑跑的飞行员们的称赞。飞机还有内部燃油量。D型是在北美飞机公司的加州的英格勒伍德和俄亥俄州的哥伦布的工厂制造的。

D型的最明显的特点就是其较高的垂尾，使用这种垂尾是为了改善操纵性。垂尾上有一个较厚的整流罩，用于整流燃油排放管（后来安装雷达警告接收机的天线）。

普惠J57涡喷发动机的带加力燃烧型的发动机安装在“大亨”飞机上。这种发动机已经在诸如B-52轰炸机和海军的A-3“天空卫士”及F-8“十字军战士”这样的飞机上使用过，后来的机型也使用了带加力燃烧的发动机。

外部燃油箱（如安装在这架飞机上的1268升的油箱）是必要的，使得表示“超级佩刀”的航程数字可以被接受。在右机翼的下面也可以安装空中加油探管。

第一架“世纪”歼击机

F-100遭受了许多固有的问题，其中包括一名具有2000飞行小时的飞行员所描述的“有控坠地”的着陆特性，一代飞行员都对这种飞机怀着敬意。

它的优点是操纵性、结实的机身和可靠的系统。“超级佩刀”是生产了P-51“野马”和F-86“佩刀”的北美飞机公司团队的最新产品。

要制造一种超音速“佩刀”的计划被飞机的机翼和发动机的限制所扼杀了。发动机的问题最后被普惠JT3（J57）涡喷发动机解决了。这样，经美国空军同意之后，设计了一种新式飞机。

“超级佩刀”在1953年4月24日进行了首飞之后，就开始为美国空军生产了，命名为F-100A昼间歼击机。然而，一次由操纵问题造成的坠机事件使得飞机停飞，生产延迟。解决问题的方法是使用较高的垂尾和较长的机翼。

从1954年开始制造F-100C歼击机。性能更好的D型飞机获得大量生产，总共生产了1780架。

右图：“小斗牛犬”空对面导弹可从改装的F-100D上发射。一些D型的“大亨”飞机也可以携带“响尾蛇”空对空导弹。

左图：为了验证安装在普惠J57发动机上的加力燃烧室，这架F-100飞机开始进行起飞滑跑。较差的燃油经济性使得飞机不得不携带翼下油箱。

效果数据

最大速度

当冷战的主要对手们生产出了第一种超音速飞机的时候，F-100和米格-19隔着“铁幕”在空中对峙。皇家空军的主要歼击机机型是超音速的“猎人”。

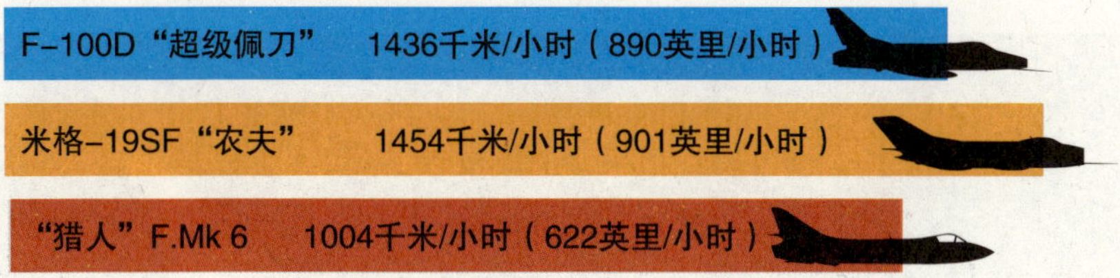

武器配备

航炮是这三架飞机进行空对空防御的主要武器。导弹当时还处于不成熟阶段。F-100有着巨大的炸弹携带能力。

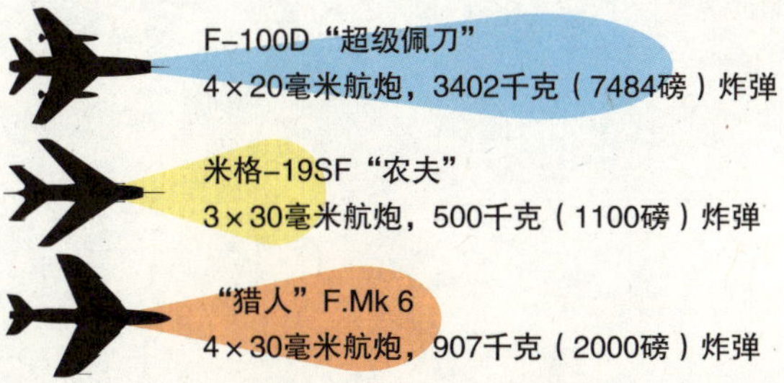

航程

“猎人”比其他速度快的机型的航程都要长。所有这三架飞机在进行最短架次飞行以外的其他飞行时都需要携带副油箱。

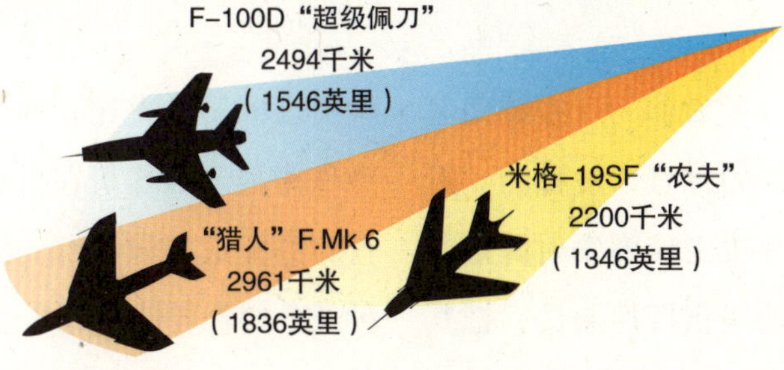

北美飞机公司（NORTH AMERICAN）

F-100F“超级佩刀”飞机

● 第一架超音速双座机 ● 越南战场上的勇士 ● 第一架“野鼬鼠”

双座F-100F“超级佩刀”在越南赢得了“战斗明星”的称号，被称为“野鼬鼠”。它追踪并攻击导弹发射阵地，是先锋。它还是前线指挥控制员，把其他的战机引导到它们的目标上去。这种美国的第一架超音速歼击机的普通机型作为战斗轰炸机在世界各地勇敢地飞行，并完成提供训练的第二种任务，这种任务的重要性一点儿也不低。

北美飞机公司的F-100F“超级佩刀”飞机

▲ **“雷鸟”**

1965—1968年，著名的美国空军飞行表演队飞行的是绰号为“大亨”的飞机。

◀ **出口订单**

丹麦需要6架双座“超级佩刀”飞机。其他的飞机还交付给了法国和土耳其。交付给土耳其的飞机一直服役到了20世纪80年代中期。

◀ **新功能**

许多F-100从前线退役了以后就成了无人靶机和试验机。这架飞机在飞行系统公司充当试验机。

▲ **最快的双座机**

F-100F是当时最先进的飞机，也是第一种服役的超音速双座机。

▲ 尽管F-100飞机很流行，但是双座型飞机只建造了极少数，并且只发现了极少数该型机进入海外空军服役。丹麦皇家空军就是这样一个客户。

▲ **在越南的价值**

在越南，双座的“大亨”飞机与单座机一起飞行，做出了有价值的贡献。

F-100F飞机档案

- 总共制造了2294架“超级佩刀”，其中的339架是双座的F-100F型飞机。
- 原型机（TF-100C）于1956年8月首飞，第二年坠毁。
- 1959年，最后一批生产型飞机交付给了美国空军。
- F-100F是第一种在越南执行封锁导弹发射场而进行防御的飞机。
- 1971年，最后一批F-100F飞机在参战了近6年之后离开越南。
- 所有的F-100F都是在位于加州英格勒伍德的工厂制造的。

战斗喷气机的双座改型机

■**麦道公司的F-15E“鹰”：**它是F-15C截击机的双功能改型机，是现在还在服役的最先进的歼击机中的一种。

■**达索公司的“阵风”B：**这种飞机是法国最新的战斗喷气机。双座的飞机是要替代担任攻击任务的“美洲豹”和达索公司的“幻影”III/5飞机。

■**麦道的F-101B“魔术师”：**它是F-101A 歼击机/轰炸机的一种双座改型机，多年来在美国空军和加拿大皇家空军中被用作截击机。

■ **“流星”NF.Mk 14：**于20世纪50年代早期首飞，是专用的双座夜间歼击机的改型机，代表了“流星”飞机发展的顶峰。

这架早期的“野鼬鼠”带有三色的伪装色，但没有两个字母的机尾代号。这就表示这个飞行中队是具有特殊飞机的中队。这种表示法在1967年中期很广泛的。

F-100的动力是1台普惠J57涡喷发动机提供的。虽然发动机噪声大，耗油，但动力十足。

虽然F-100与其同期的许多喷气机一样有着良好的性能，但它的航程不够。使用副油箱可以弥补这个不足。

F-100F“超级佩刀”

F-100 58-1226飞机是于1965年第一个在越南摧毁了地对空导弹场的“野鼬鼠”。它是驻扎在克拉特空军基地的第6234战术歼击机大队的飞机。

F-100F与美国空军同期的其他飞机不同，它配有空中加油探管。

F-100F原来是以双座教练机交付的，证明非常适合改成“薄雾”前线引导员，担任“野鼬鼠”的任务，这需要两名机组人员。

安装在机头下面的天线是“野鼬鼠”改型机的主要特点。这些天线是雷达寻的和警告系统的组成部分。

F-100F可以携带各种外挂武器。在打击地对空导弹进行防御抑制的时候，AGM-45“百舌鸟”导弹是很有效的。

第一架“野鼬鼠”飞机

当北美飞机公司推出了惊人的F-100“超级佩刀”超音速歼击机的双座机机型的时候，人们认为这种理念似乎是革命性的。但是，从1956年原型机（TF-100C）开始的时候，双座机就担当了训练和作战的功能，并具有单座机同样的优秀性能。以F-100D为基础的第一架生产型F-100F的表现是如此之好，以至于被用在了美国航天探索项目的研究中。

在越南需要一架双座机执行“野鼬鼠”任务：找出并遏制河内的致命的地对空导弹群。F-100F 配有“百舌鸟”反雷达导弹，成为了这种新型战争的先导，直到较大的F-105F“雷公”出现为止。

第一次执行这个任务是在1965年12月，代号为“铁手”。其他的F-100F飞机担负危险的低空前线引导员的职责——定位越共目标，要穿过像雨点般的炮火。

F-100F “超级佩刀”是用双座机参战并担负“野鼬鼠”防御抑制功能的先锋，为双座的“共和国”F-105F和F-105G“雷公”飞机以及后来的F-4“鬼怪”II飞机铺平了道路。

左图：在越南聚集了许多架F-100飞机。空中加油是飞机的一种非常重要的能力。

F-100F“超级佩刀”飞机

类型： 双座战术歼击机

动力装置： 1台普拉特·惠特尼J57-P-21A 75.39千牛（16960磅）推力带加力燃烧涡喷发动机

最大速度： 低空时为1239千米/小时（781英里/小时），干净构型；高空时为1.3马赫

航程： 760千米（470英里）

升限： 14020米（46000英尺）

重量： 净重9256千克（20363磅），满载15800千克（34760磅）

武器配备： 2门20毫米M39E航炮，最多为2722千克（6000磅）外挂炸弹、导弹或火箭弹，4枚AGM-45A“百舌鸟”空地导弹（执行“野鼬鼠”任务），执行前线指挥控制员的任务的各种炸弹和标记装置

外形尺寸： 翼展 11.82米（38英尺9英寸）
机长 15.27米（50英尺1英寸）
机高 4.94米（16英尺3英寸）
机翼面积 35.77平方米（385平方英尺）

上图： 在越南战争中，这架F-100F“薄雾”前线引导员与驻扎在潘拉空军基地的第352战术歼击机中队的飞机一起飞行。

效果数据

推力

虽然双座的F-100“超级佩刀”比其他的前后排列的双座教练机/近距支援飞机（如诺斯罗普的F-5B和道格拉斯的TA-4F）都要重得多，但它是当时动力最大的飞机。与现代的同类飞机相比，所有这三种飞机的作战半径和武器携带能力都很差，尽管TA-4F的尺寸大，可以携带较多武器。

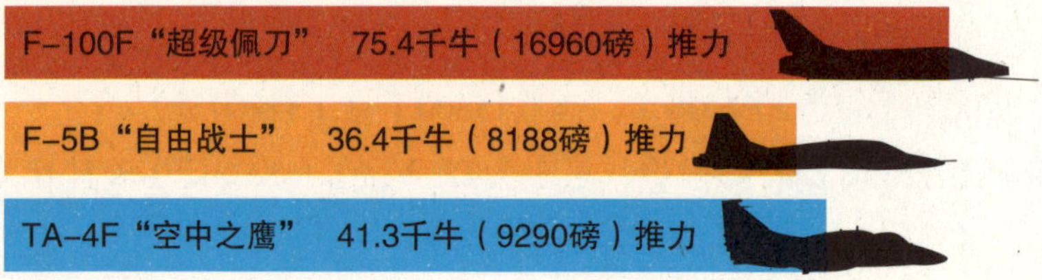

最大速度

这些飞机是在人们认为速度比航程或机动性更重要的时期设计的。F-100确实是第一种突破音障的生产型飞机。所有这三种飞机都参加了越南战争，证明了机动性和作战半径对成功仍旧是至关重要的。

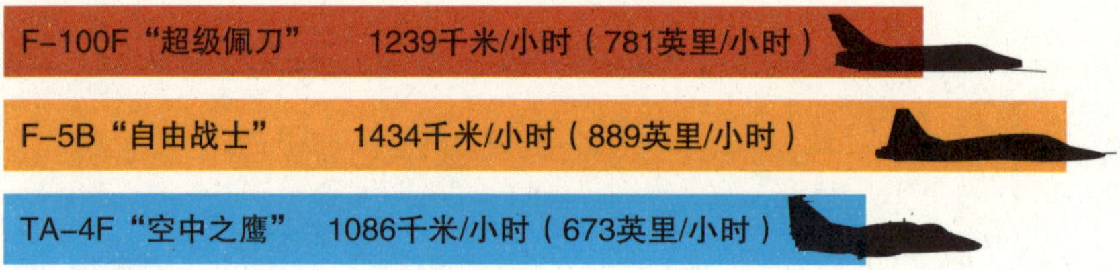

爬升率

当F-100F开始服役的时候，它的爬升率与诸如TA-4F这样的同时代的飞机相比是突出的。后来的诸如F-5B“自由战士”这样的飞机的爬升率很快，但不能携带很多的弹药。

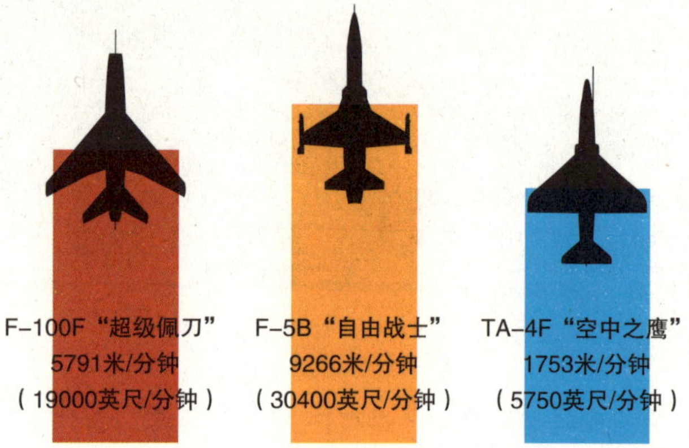

北美飞机公司（NORTH AMERICAN）

A-5 “民团团员”（Vigilante）飞机

● 在越南进行侦察 ● 改装的核轰炸机 ● 马赫数2

在越南战争中，“民团团员”侦察机从越南东京湾的航母上起飞执行情报搜集任务，对北越重兵防守的地区进行侦察。所搜集的情报被输入到航母上的计算机数据库中。飞机的自动飞行操纵装置和雷达引导系统使得飞机精确地保持在航线上，无论是在高空飞行还是掠地低空飞行中。

北美飞机公司A-5“民团团员”

◀ **从航母上起飞**

“民团团员”是一种非常长的飞机。当它从空间极为宝贵的航母甲板上起飞的时候，飞机的长度就显得格外重要了。

▲ **准备作战**

仅仅有几架“民团团员”喷涂的是伪装色，在北越丛林的上空执行任务。

RA-5C飞机档案

- 海军起初不愿意让“民团团员”在北越的上空飞行，这是因为飞机上的设备非常昂贵。
- “民团团员”这个名称表示非常警觉但又不惧怕危险的人。
- 在战争中共损失了18架“民团团员”，只有一架不是在北越损失的。
- 总共制造了90架RA-5C侦察型机型，其余的都用从A-5A改装的。
- 第一飞行中队所装备的RA-5C飞机是RVAH-5机型。
- 1962年2月，A-5A登上了“企业号”航母。

◀ **先进的侦察系统**

这个RA-5C“民团团员”编队附属于RVAH-7侦察中队。在机身下面有长长的中央吊舱，吊舱里面是侧视雷达和照相设备。

◀ **远距性能**

“民团团员”的内部油箱很大，从来不用携带副油箱。KA-6“入侵者”给它进行空中加油又极大地增加了它的航程。

◀ A-5“民团团员”设计为战略核轰炸机，但在越南却作为一种远程侦察机获得了成功。

RA-5C“民团团员”

这架RA-5C（150834）是RVAH-12飞行中队的飞机，在光亮白色的下表面上是绿色、草绿色和褐色的实验性伪装色。

除了驾驶舱的向后的能见度之外，向其他方向的能见度都是可以的，这是当时美国大多数歼击机的一个特点。雷达操作员坐在“坑”里，每侧只有一个小窗子。

RA-5C上的相机系统使得飞机能够以各种速度、高度和大气条件，获得昼夜间的高分辨率航空照片。

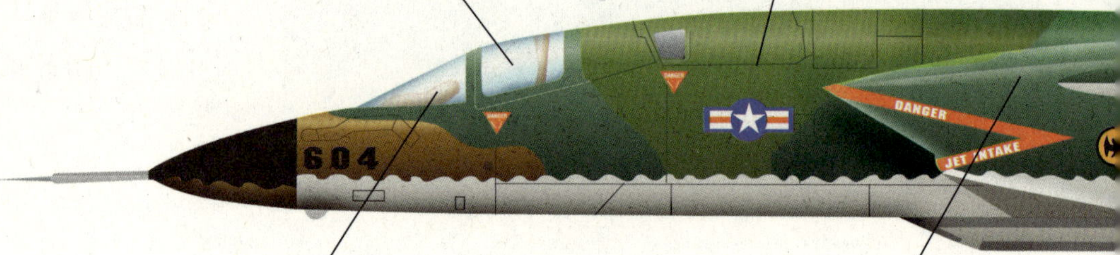

舱盖的外壳是全金属的，带有丙烯酸树脂透明玻璃，使飞行员的左右两侧和上面都有很好的视野。铰链点在外壳的后面。

飞机上试用了副油箱，以填补由缺少核炸弹所产生的差异。这就意味着根本就不需要副油箱，即便是执行远距任务也是如此。

方向操纵是由单独的水平安定面和垂尾提供的。垂尾和绕着位于中间位置上的合页进行折叠。这在航母上停放时非常有用。

“民团团员”的后掠翼产生于造就了F-100的较早的北美飞机公司设计理论，蒙皮是用铝锂合金制成的，增加了强度和弹性，重量又非常小。

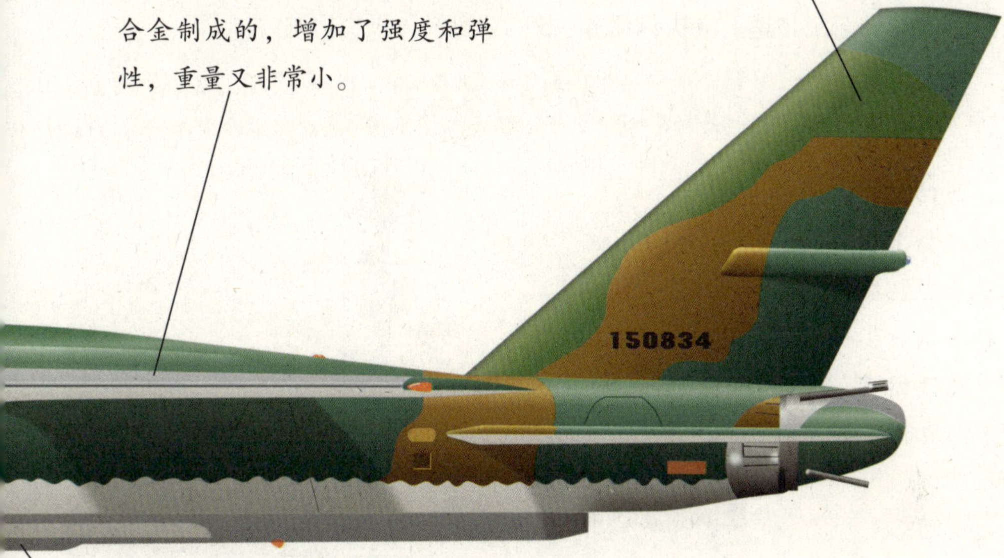

机腹的“独木舟”吊舱里面装的是侧视雷达、AN/ALQ-31电子对抗装置、两台带有旋转棱镜的全景相机和红外系统。

快速飞行的照相飞机

“民团团员”原来的设计是核轰炸机，但在越南被仅仅用作侦察机，而飞机本身的防御就是它的超音速能力。因为RA-5C的设备非常昂贵，在开始的时候只限于在较安全的南越上空飞行，最终飞到北边去了。在北越上空执行任务的时候，“民团团员”及其机组人员提供了非常宝贵的有关部队集结和调遣方面的信息。尽管RA-5C的速度很高，但它对于海军非常重要。为了使得敌方的米格飞机待在海湾不动，RA-5C经常由F-4“鬼怪”飞机护航。

右图：这架RA-5C是RCAH-11飞行中队的飞机，是1972年在“星座”号舰艇上拍照的。虽然其原型机在1958年就进行了试验，但作战用的“民团团员”一直飞到了1979年。

机身设备布置

1. 静压皮托管
2. 空中加油探管
3. 空中加油灯
4. 顶盖油箱
5. 前机身油箱
6. 机油箱
7. 整体机翼油箱
8. 塔康通信偶极天线
9. 尾部位置灯
10. 尾椎
11. 放油管
12. 拦截钩
13. 防撞信标
14. 弹射器皮带钩
15. 侦察整流罩
16. 轰炸计算机
17. 电视光学瞄准具

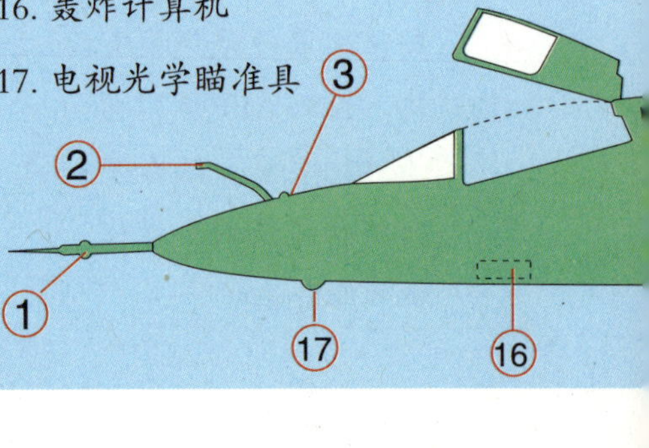

执行任务时的时速大多数为马赫数1.1和1.03。“民团团员”带有大量的内部燃油，执行任务的整个过程中都使用最大加力燃烧。RA-5C通常是最后一种起飞的飞机，这是因为其速度可以赶上为它们护航的“鬼怪”飞机。的确是这样的情况：“鬼怪”的飞行员常常要请求“民团团员”慢下来，不然的话，载有导弹的“鬼怪”飞机很快就会把燃油耗尽的。虽然RA-5C作为轰炸机是失败的，但在越南冲突中，它在提供情报方面是无与伦比的。

下图：“民团团员”带有速度和航程，带有飞行先进的电子对抗装置和雷达，其功能是空前的，直到今日仍旧如此。

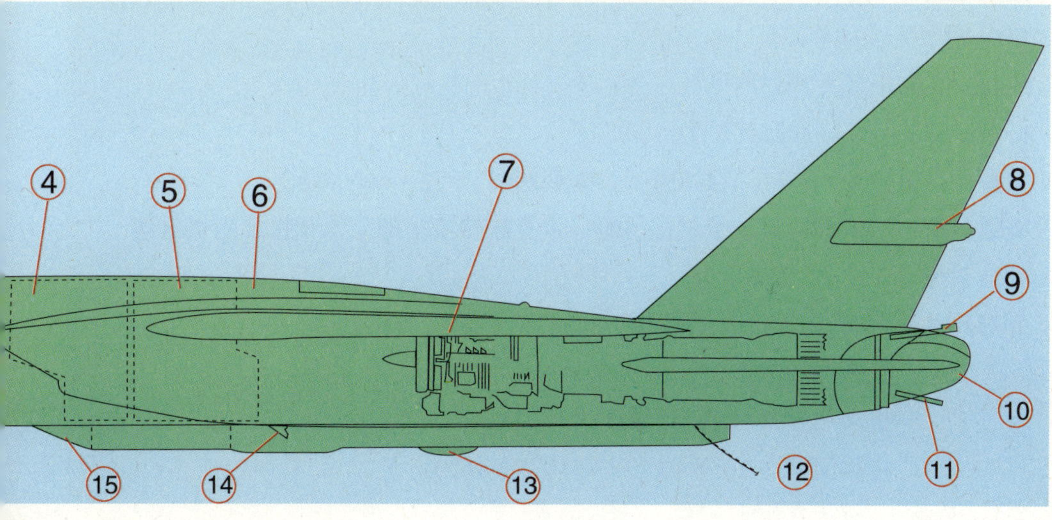

▲ **速度和优雅的机身**

“民团团员”有着长长的机身和后掠翼，极适合执行远程任务。它的马赫数2的速度就意味着它的伴飞飞机“鬼怪”经常得竭尽全力才能跟上。

RA-5C“民团团员”

类型：双座侦察机

动力装置：2台79.45千牛（17876磅）推力通用电气J79-GE-10加力燃烧涡喷发动机

最大速度：12000米（39370英尺）高度时为马赫数2.1［2230千米/小时（1356英里/小时）］

航程：4800千米（2983英里）

升限：19500米（63976英尺）

重量：净重17009千克（37498磅），满载29937千克（66000磅）

有效载荷：AN/ALQ-31电子对抗吊舱、带有旋转棱镜的全景相机、侧视雷达、红外系统

外形尺寸：翼展 16.15米（53英尺）
机长 23.32米（76英尺6英寸）
机高 5.91米（19英尺5英寸）
机翼面积 70.05平方米（754平方英尺）

效果数据

推力

“民团团员”的动力是两台通用电气J-79发动机，是同期侦察机中（如RF-8A“十字军战士”和英国电气公司“堪培拉”PR.Mk 9飞机）动力最大的飞机。

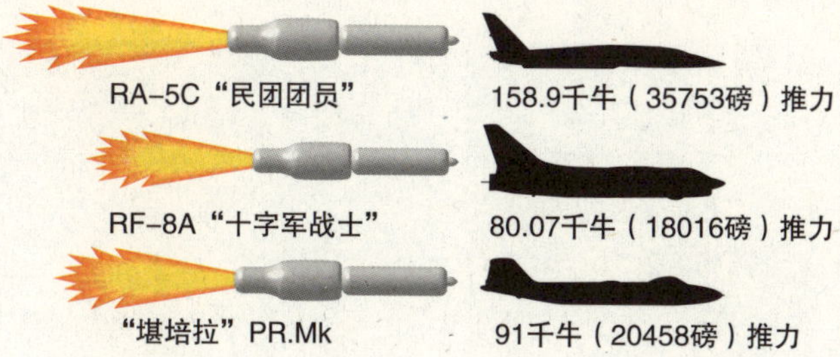

航程

“民团团员”上采用了突出的维形骨架，里面是额外的燃油。侦察型的“民团团员”的飞行距离非常长，是美国海军打击北越战役中的重要工具。“堪培拉”的航程更长，可以从航母上起飞，但总量较大。

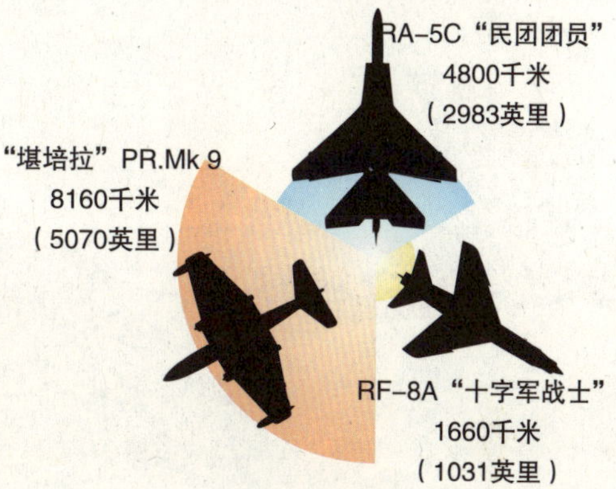

升限

由于“民团团员”没有携带任何的防御武器，它必须尽量地飞得又快又高，避免撞见北越的米格-21截击机。“民团团员”可达到将近20000米（65600英尺）的高度。

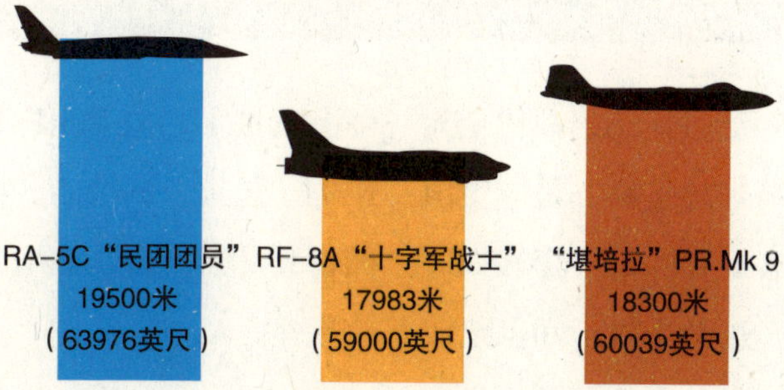

诺斯罗普公司（NORTHROP）

F-89“蝎子”（Scorpion）飞机

● 过渡型截击机 ● 武器配备变化 ● 长期服役

诺斯罗普的F-89可能是第一代全天候截击机中性能最好的飞机，是应美国空军需要一种能够接替P-61“黑寡妇”的要求而设计的。这种飞机于20世纪50年代开始服役，这种外表笨拙的飞机实际上超过了它的对手F-86D“军刀”和F-94“星火”的性能。在F-89的服役期间，其武器配备从航炮变成了火箭弹和核导弹。

诺斯罗普公司F-89“蝎子”飞机

▲ 机翼设计

飞机的层流直机翼使得其成为最平稳的航空武器平台，其截击机功能是最理想的。

◀ 新时期的新武器

20世纪50年代，在攻击假想苏联轰炸机威胁的最普遍的武器是诸如“妖怪”这样的带有核弹头的非制导火箭弹。

▲ **最多的生产型机型**

“蝎子”改型机中生产的最多的机型是F-89D，总共是682架。在机翼上可以携带AIM-4“猎鹰”导弹。

◀ **武器配备的改变**

XF-89原型机的设计是配备4挺机头机枪，后来进行了重新设计，带有6挺机头机枪。

▲ **大量服役**

在高峰期的时候，F-89“蝎子”装备了美国空军的36个前线飞行中队。

◀ F-89于1945年设计，是第一代全天候喷气截击机中的一种。本来它是一种临时机型，但其服役期超长，一直服役到1969年。

F-89D“蝎子”飞机

这架带有“蜂鸣代码FV-959”的特殊飞机（F-89D-45-NO）喷涂的是第59歼击机和截击机飞行大队的彩色标记，这个飞行大队当时驻扎在加拿大东部拉布拉多的鹅湾机场。

“蝎子”之所以稳定的一个主要因素是飞机很直的层流机翼，它使得起飞和着陆特别容易。

在侧面的气泡式座舱盖底下是一名飞行员和一名雷达操作员。与现代的情况不同，F-89的机组人员同时要负责几种飞机的驾驶。尽管F-89有很多缺点，但在空中是非常稳定的。

在F-89的整个服役期中，飞机一直保持着自然的金属面。为了降低飞机的眩目效应和防止飞行员分神，在风挡的紧前面喷涂了黑色。这种飞机的机翼和尾翼的表面是闪光的，可增加飞机在坏天气中的识别度。

F-89D使用了较长和较细的机头形状。较早改型机上的6门航炮布局被放弃了，取而代之的是机头上的额外燃油。

F-89的一个特点是其大直径的主轮。因为飞机机翼的形状，以及飞机的重量很大，这些轮子是必要的。

在机身下面安装发动机所造成的外来物损坏率很高。由于F-89飞机的这个特点，它被称作“胡佛电动吸尘器型”飞机。

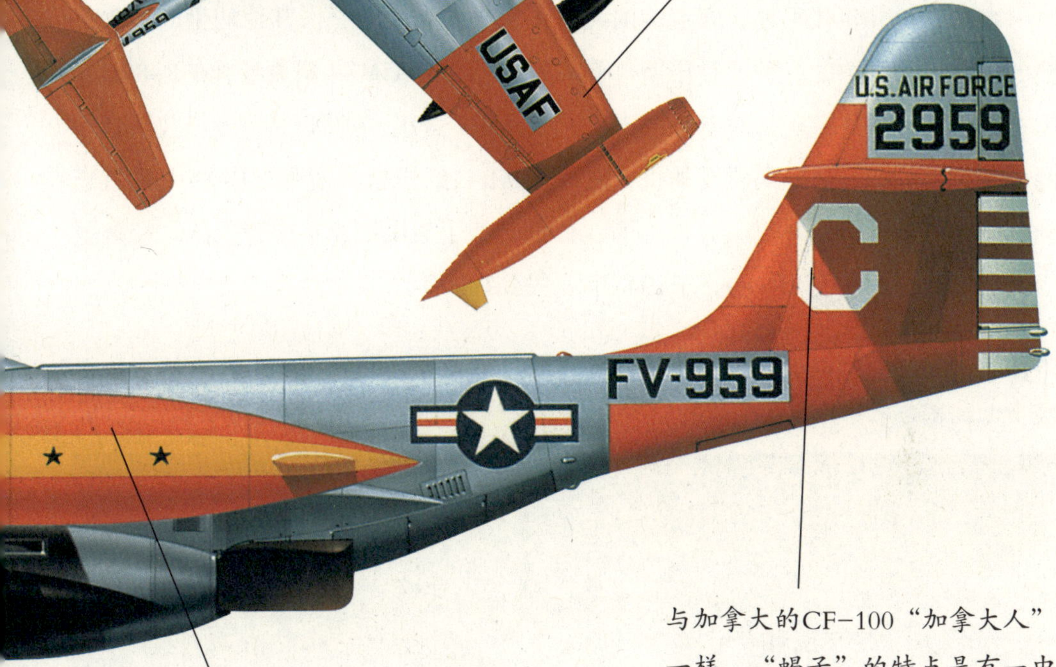

与加拿大的CF-100“加拿大人”一样，“蝎子”的特点是有一中段安装的尾翼，上反角为零度。XF-89遭遇了强烈的紊流，在高速的时候产生抖振。从A型机型开始，为了解决这个问题，对后机身的外形进行了重新设计。

D型机型使用了新的武器配备，即FFAR（折叠尾翼航空火箭弹）。飞行员可进行三枚火箭弹齐射。

冷战中的重量级飞机

在20世纪40年代的晚期，东西方的关系极度冷漠，美国陷入了反攻的歇斯底里中。由于美国认为苏联很快就会具有通过高科技的轰炸机投放核武器的能力，所以，新组建的美国空军急需截击机来应对这种严重的威胁。

在20世纪50年代早期，守卫美国大陆的三种截击机中的一种就是诺斯鲁普公司的F-89“蝎子”。这种双座截击机的动力是2台艾利逊J35涡喷发动机，发动机吊在机身的下面。

第一架原型机是XF-89，于1948年8月首飞，后面有10架发展型飞机，被称作F-89A。服役的变形机是从F-89B和F-89C机型开始的。虽然这些飞机的性能勉强达标，但很快就被F-89D所替代，总共制造了682架。这种改型机去掉了在机头安装的航炮，在巨大的翼尖吊舱中携带火箭弹。其他的生产型改型机包括带有AIM-4 猎鹰导弹的F-89H和最后的F-89J，它可以携带道格拉斯公司的MB-1妖怪核火箭弹。F-89飞机后来都转给了美国国家空中警卫队，一直服役到1969年。

下图： F-89D飞机部署在位于普雷斯可岛空军基地的第76歼击机和截击机飞行中队，飞机携带了额外的翼下油箱。

F-89D飞机档案

- 1952年，一架F-89C在底特律举行的国际航展上坠毁，“蝎子”飞机全部停飞。
- F-89飞机的维护问题使得这种飞机未能全部服役。
- 位于格陵兰岛的第74飞行情报服务中队的一架“蝎子”是第一架在冻海上着陆的喷气机。
- 在作为截击机的日子结束之后，剩下的飞机被用作靶机和伴飞飞机。
- 设计了一种F-89的后掠翼改型机，但没有制造。
- 第一架真正服役的“蝎子”的改型机是F-89B。

F-89D“蝎子”

类型：双座全天候截击机

动力装置：2台32.03千牛（7200磅）推力“阿里逊”J35涡喷发动机

最大速度：1023千米/小时（634英里/小时）

初始爬升率：2546米/分钟（8350英尺/分钟）

航程：2200千米（1364英里）

升限：14995米（49200英尺）

重量：净重11428千克（25142磅）；满载19160千克（42152磅）

武器配备：104枚70毫米折叠安定翼非制导火箭弹，最多16枚127毫米（5英寸）高速航空火箭弹

外形尺寸：翼展 18.19米（59英尺8英寸）

机长 16.41米（53英尺10英寸）

机高 5.36米（17英尺7英寸）

机翼面积 60.39平方米（650平方英尺）

“蝎子”的猎物

■米亚西舍夫M-4“野牛”：20世纪50年代，这种4发的苏联喷气轰炸机被认为是对美国最严重的威胁中的一种。

■图波列夫图-16“獾”：图-16与M-4相比要小一些但功能更多，是服役期最长的飞机中的一种，一直服役到20世纪90年代的中期。

■图波列夫图-95“熊”：图-95在起初的时候因为其巨大的螺旋桨而被放弃，是30多年来美国的截击机飞行员最常见的飞机了。

效果数据

最大速度

这些第一代的全天候截击机没有一种是速度特别快的飞机。它们确实由于速度不够快而被愚弄。尽管如此，“蝎子”和CF-100“加拿大人”的服役期虽然平淡，但还是很长的。

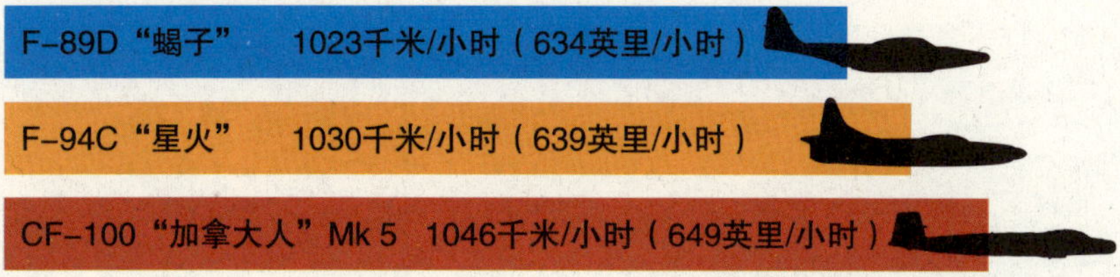

航程

为了能从美国本土起飞，在尽可能远的地方截击苏联的轰炸机编队，这些飞机需要具有相当长的续航时间。它们比它们的后继飞机要稳定得多，也飞得远得多。

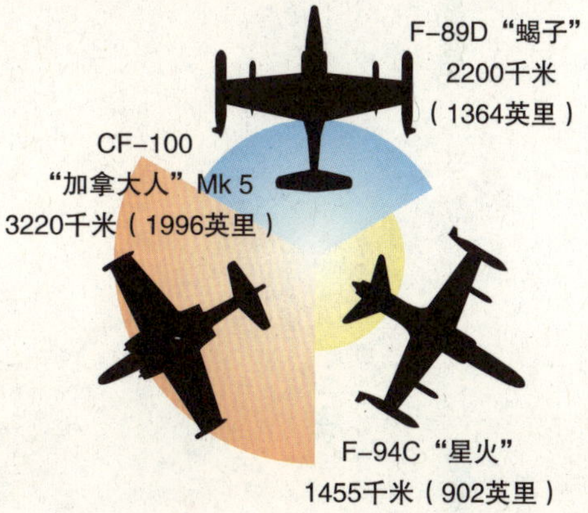

升限

CF-100有着笨拙的外表，被冠以“闷声”的绰号，可以在16460米（54000英尺）的高度上飞行，比同时期其他飞机要高得多。为了能追上在高空飞行的轰炸机，高的使用升限至关重要。

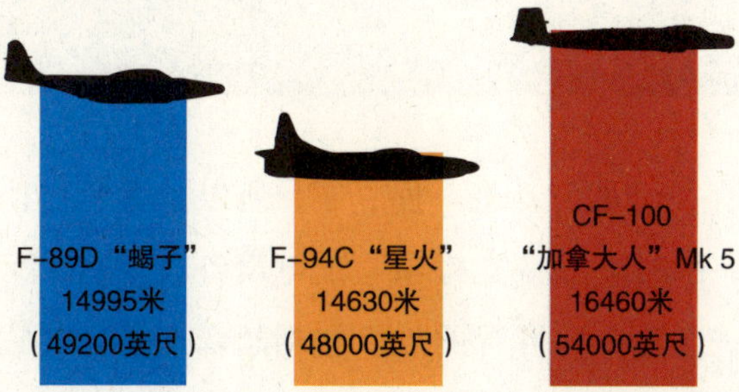

诺斯罗普公司（NORTHROP）

F–5A“自由战士”（Freedom Fighter）飞机

● 轻型歼击机 ● 13个国家使用 ● 从越南退役

20世纪50年代，F–5的设计是一种轻型歼击机，用于在美国军事支持项目中支持盟国，一直是一种可行的战斗机。因为早期的机型已有30年的历史了，所以，后来的生产型飞机都用现代航电设备进行了更新。这种机型的优点包括超音速性能和在保持经济飞行的条件下携带合理的有效载荷。

诺斯罗普F-5A“自由战士”

▲ **退役**

荷兰是主要的F-5使用者，直到引进了F-16为止。

▲ 正如“自由战士”飞机的名字所象征的那样，它是冷战的产物，是美国能够给其盟国供应得起而性能又好的飞机。

◀ **在越南经历战火考验**

F-5“虎”于1967年被派往越南空军。这里是第522歼击机飞行中队的一架飞机在边和空军基地的掩体中。

▲ **斯堪的纳维亚的“自由战士”**

挪威使用了7架F－5A和8架F－5B飞机，在PAWS（武器和系统改进）项目中进行了升级，由此产生了其F－16的新式教练机。

▲ **在加拿大空中服役的“自由战士”**

在加拿大空军中服役的这种飞机被称为CF－116。在阿尔伯达省的冷湖空军基地服役的“自由战士”的机型有A和D型。

▲ **空中加油**

从一开始F-5就具备空中加油能力。在这些飞机飞往越南之前，一架KC-135A正在对它们进行空中加油

F-5A“自由战士”飞机

类型：轻型歼击机和歼轰机

动力装置：2台18.15千牛（4085磅）推力的通用电气J85-GE-13 加力燃烧涡喷发动机

最大速度：10975米（36000英尺）高度时为1487千米/小时（922英里/小时），净构型

最大爬升率：海平面时为8748米/分钟

作战半径：执行高低高任务时为989千米（615英里），带有两枚240千克（525磅）炸弹和最大燃油量

升限：15390米（50500英尺）

重量：净重3667千克（8067磅）；最大起飞重量9379千克（20635磅）

武器配备：2门20毫米M39 航炮和最多1996千克空对地导弹

外形尺寸：翼展 7.87米（25英尺10英寸）；机长 14.38米（47英尺2英寸）
机高 4.01米（13英尺2英寸）；机翼面积 15.79平方米（170平方英尺）

F–5A飞机档案

- 加拿大使用了少量的这种飞机，命名为CF–116A（R），装有Vinten70毫米机头相机。
- 布里斯托尔宇航公司对CF–116飞机的升级项目中包括HOTAS（手握油门和侧杆操纵）操纵装置。
- 诺斯鲁普公司对一架F–5A的完整升级价值450万美元。
- F–5A产生于把N–156“毒牙”飞机改成轻型歼击机的建议，这也导致产生了美国空军的T–38A教练机。
- F–5的研制是由“美国共同防御援助计划”出资的。
- 一架F–5A飞机任务间的停飞时间是8分钟，包括加油。

美国空军的“虎”从1965年10月到1967年4月在越南服役，执行了9985次任务，共损失了9架飞机。在把这些试验机交给南越的时候，共投放了大约17000枚通用炸弹。

F–5C的动力是2台通用电气的J85加力燃烧涡喷发动机。在进行低速飞行的时候，位于后机身的空气调节孔可提供改善了的气流。

“自由战士”的使用者

■**加拿大皇家空军**：加拿大最近退役了其最后的一些CF-5，这些飞机被升级了，当做CF-18的先导教练机，机翼和尾翼被重新加工了，还加上了新的航电设备。

■**希腊空军**：希腊有两个“自由战士”飞行中队，其中包括荷兰驻扎在萨洛尼卡的飞机，主要是进行轻型的地面攻击和先进武器的训练。

■**泰国皇家空军**：泰国有少量的F-5A/B和RF-5A，还有后来的F-5E/F“虎”II，进行地面攻击。

F-5的驾驶舱可给飞行员提供好的视野。在越南的美国空军“自由战士”的飞行员坐在带有火箭动力的弹射座椅上，他们很幸运：他们所驾驶的飞机有重达90千克（200磅）重的驾驶舱，有装甲保护的发动机、升级的航电设备以及改进的丛林伪装色。

在机头上安装的是2门20毫米M39A2轻型航炮，有280发炮弹。在美国空军的“自由战士”上还增加了机头安装的加油探管和夜间编队灯。南越的RF-5A机头中携带了4台KS-92相机。

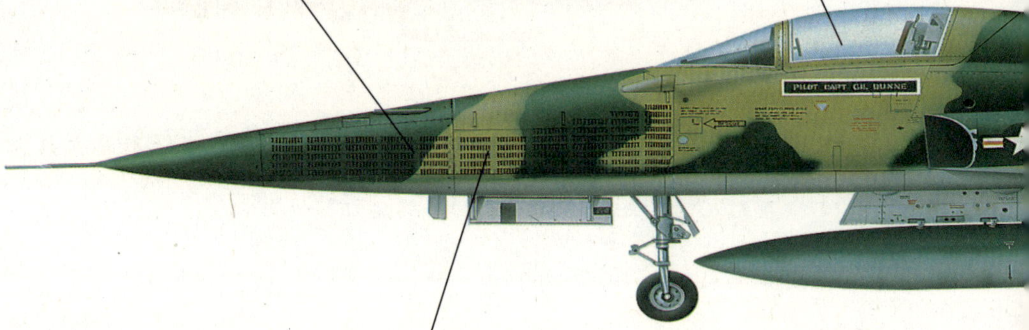

“虎”飞机一般带有任务标记。第10歼击机突击中队每日飞行四次，忙于执行轻型攻击任务。

F-5C“自由战士”

F-5C 64-13332在第10歼击机突击中队服役，驻扎在南越的边和空军基地。第10歼击机突击中队原来是第4503歼击机中队，参战了几乎18个月。

在F-5C的翼下安装的是适合于在越南服役使用的可投弃挂架，飞机可携带最多2720千克（6000磅）的火箭弹、航炮吊舱、炸弹，或如图片所示的4枚340千克（750磅）BLU-1凝固汽油箱。

提供给美国盟军的轻型歼击机

F-5于1963年5月首飞，次年在美国空军的训练飞行中队开始服役。1965年有12架第一批F-5A被派往越南，在那里证明了在执行一些任务时是可以赶上美国空军的前线歼击机的。它们为南越整整服役了10年，参加了与北越的战争。欧洲、中东、南美和东南亚的空军都购买了“自由战士”，飞机的生产然后转成了功率增大的诺斯罗普F-5E“虎”II。RF-5A改成了带有相机的照相侦察型飞机。

F-5是在加拿大制造的，加拿大飞机工厂为加拿大皇家空军生产了CF-5（服役时被称为CF-116），为荷兰生产了NF-5。许多加拿大以前的F-5给了土耳其，而希腊购买了一些NF-5。

到了20世纪80年代，所制造的1100架“自由战士”中的400多架仍然在十几个国家的空军服役。加拿大剩余的CF-5被升级后进行销售，而西班牙的机群也休整一新，用作武器教练机。

上图：在执行远程任务的时候，可以把“自由战士”的翼尖导弹挂架换成油箱。

效果数据

最大速度

诺斯鲁普的F-5家族完全是从“自由战士”发展到“虎”II和命运坎坷的“虎鲨”的。F-5E虎II使用了动力更大的J85发动机，而F-20（原来的F-5G）有1台加力燃烧涡扇发动机。

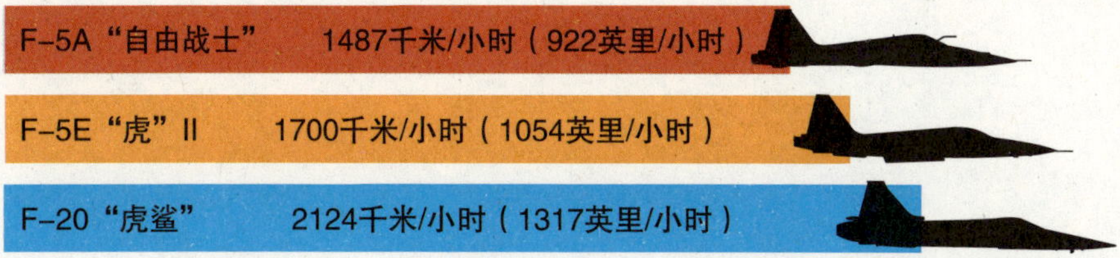

最大爬升率

增加的发动机功率和改善的动力重量比对爬升率的影响很大。好的爬升率能使一架歼击机很快到达其巡逻位置。在美国国家空中警卫队的新型空防歼击机装备竞争中，F-20输给了F-16A。

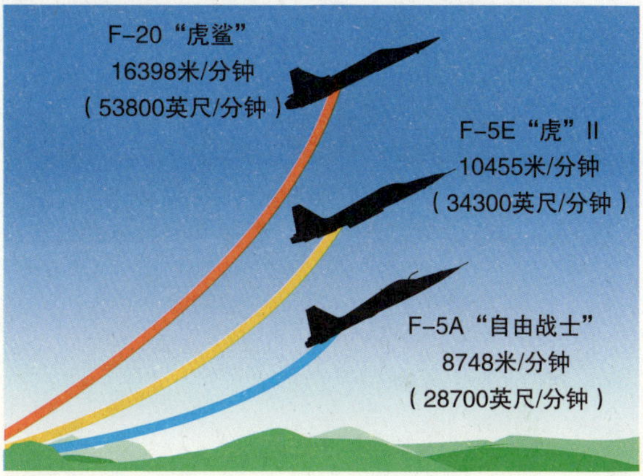

武器配备

较大的动力使得飞机可以携带更多的有效载荷。当F-20问世的时候，它的最大武器载荷是原来的F-5A的两倍。

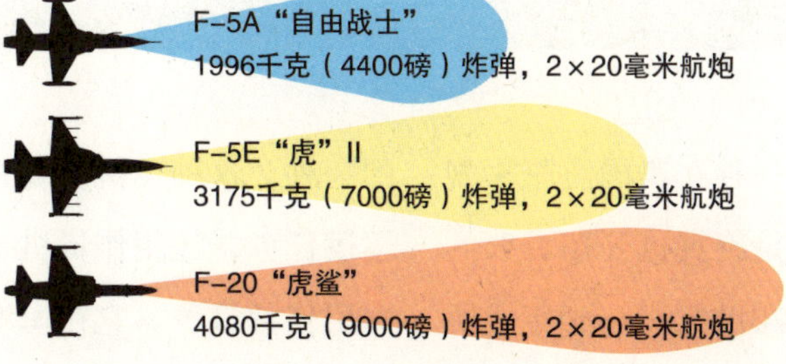

皮亚塞斯基公司（PIASECKI）

HUP“猎狗”（Retriever）飞机

● 单发、双旋翼 ● “飞机警卫” ● 通用直升机

“猎狗”是第一种在美国海军军舰上使用的直升机，是旋翼机开拓者弗兰克·皮亚塞斯基在20世纪40—50年代所设计的几种前后排列的双旋翼直升机中的一种。这种飞机主要是用于执行海岸巡逻任务，还用作货机（也在美国陆军中用作货机）。它在海军中的服役和拯救了许多飞行员的行为令人印象深刻。

皮亚塞斯基公司的“猎狗”直升机

◀ **牵引机上的绞盘**

“猎狗”在执行救援任务的时候使用绞盘和维护驾驶舱后面的维护舱口。

◀ **陆军进行伤员救援的牵引机**

H-25A 陆军牵引机是从HUP-2发展而来的，带有液压助力操纵装置、加强地板和加大的货仓舱门，可以放进担架。

◀ **喷涂了加拿大的颜色**

加拿大皇家海军从美国海军接收了三架HUP-3，这三架飞机以前是第VH-21飞行中队使用的。它们是美国陆军转给美国海军的50架H-25A中的3架。

◀ 陆军的“驮马”

第一批美国陆军的50架H–25也完成了次要的通用运输任务。

◀ “猎狗”是从两架XHJP–1 原型机（皮亚塞斯基的PV–14）发展而来得，在美国海军的航母上充当“飞机警卫”和救援机的角色。

◀ HUP–1上突出的垂尾

在对两架XHJP–1进行了试验之后，美国陆军订购了23架生产型HUP–1，其垂尾与后来的改型机不同。飞机的交付从1949年开始。

美国航母的“飞机警卫”

■**西科斯基HO4S**：这种海军型的西科斯基S-55主要是进行反潜的，于20世纪50年代开始服役。

■**西科斯基HSS“海蝙蝠”**：第一架“海蝙蝠”是在1955年交付的，替换了HO4S，它的航程短，运载能力低。

■**西科斯基SH-3“海王”**：海军大量购买了SH-3，从1961年开始服役了30多年。

■**西科斯基SH-60F“海鹰”**：SH-60B的舰载机型是F型，其反潜艇战斗组件不太完整。

HUP-2“猎狗”

这架HUP-2带有海军通用直升机第1中队的标记。在朝鲜战争中，这个中队在各艘航母上驾驶搜寻和救援的HUP直升机。

两个三叶的旋翼被HUP升上了天空。在HUP-2上有一个自动驾驶仪，是主要的控制装置，它改善了飞机的悬停性能，使得可以拆除HUP-1上的垂尾。

飞机可以装载两名机组人员和4名乘客或三副担架。位于飞行员座椅旁边的在内部操作的救援舱门足够放进一副上面躺着一个人的担架。在舱门上面的液压升降机在飞机悬停的时候可把被救人员吊到飞机上来。

大型的装货门（H-25A陆军改型机上的装货门更大）和充足的座舱尺寸使得飞机可以装载各种货物。

双旋翼的布局是法兰克·皮亚塞斯基直升机设计的一个特点。这种设计布局在后来的福尔托尔（Vertol）和波音福尔托尔公司的设计中一直沿用，如CH-46“海上骑士”和CH-47“支奴干”。

这种飞机与后来的双旋翼飞机不同，它是单发飞机。1台410千瓦（550马力）大陆R-975-46 星形发动机安装在后机身来提供动力。

“深蓝色”是这种涂有深色调飞机的绰号。20世纪50年代，美国海军飞机几乎都是这种颜色。

双旋翼的美国海军救援机

为了满足美国海军舰载通用直升机的需求，皮亚塞斯基的PV-18（海军的叫法为HUP“猎狗”）于1948年首飞，三年后开始服役。按照现在的标准，这种飞机还是很原始的，但在20世纪50年代的确是同级别中最好的直升机。这种飞机也在美国陆军中服役，被称为H-25陆军轻型牵引机。

HUP是单发驱动的双旋翼飞机，加上好用却丑陋的“尾部牵引机式”的起落架，它正是海军寻找的那种直升机。海军的这种直升机没有H-25那样的液压助力操纵装置和加强地板，并且，有些人认为飞机的动力不足。

虽然它的主要任务是运输，但也执行反潜任务。它在航母上的一个重要作用是“飞机警卫”，还有救援在起飞或着陆时落水的飞行员。

HUP-3“猎狗”飞机

类型：单发双旋翼通用货运机和救援机

动力装置：1台410千瓦（550马力）大陆R-975-46A星形发动机

最大速度：169千米/小时（105英里/小时）

最大航程：547千米（340英里）

升限：3050米（10000英尺）

重量：净重1782千克（3920磅），最大起飞重量2767千克（6087磅）

乘员数：飞行员、副驾驶和最多5名乘客或3副载人的医用担架

外形尺寸：主旋翼直径 10.67米（35英尺）

机长 17.35米（56英尺10英寸）

机高 3.81米（12英尺6英寸）

旋翼桨盘面积 178.76平方米（1923平方英尺）

上图： 几架美国海军的HUP-2上带有声呐装置，可进行反潜作战，命名为HUP-2S。

右图： “猎狗”飞机也在美国海军陆战队服役，用于在岸基承担运输和搜救任务。HUP飞机在1962年被命名为UH-25。

HUP-3飞机档案

- 位于宾夕法尼亚州莫顿的皮亚塞斯基飞机公司发展成了现在的波音直升机公司。
- 第一架美国海军的“猎狗”飞机于1951年2月交付给了HU-2飞行中队。
- “猎狗”可以在15米（50英尺）的高度上悬停，并吊起体重为75千克（165磅）的飞行员。
- 一些“猎狗”被转给了后备役部队之后还是用作救援机，喷涂的是橘红色。
- 总共生产了339架PV-18，其中包括了70架陆军使用的H-25。
- 陆军的H-25是由美国空军以陆军的名义采购的。

效果数据

最大速度

最大速度约为160千米/小时（100英里/小时）是这些大型直升机的特点，都是美国为海军设计的飞机。“蜻蜓”是为皇家海军授权生产的韦斯特兰机型，安装的是英国的发动机。

爬升率

双旋翼的“猎狗”的爬升率优于其他单旋翼的飞机，但它们的功率基本相似。HRS的发动机较大，但飞机重得多。

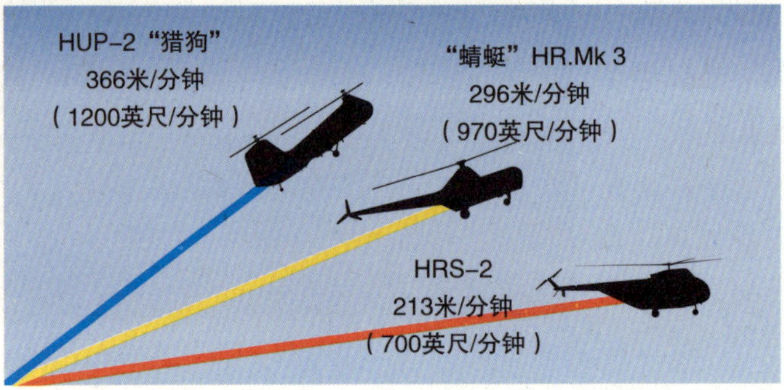

乘员

“猎狗”和“蜻蜓”的载重量都有限。即便是较大的HRS-2的载重量对于美国海军的需求也是太小，所以被HSS“海蝙蝠”替代。

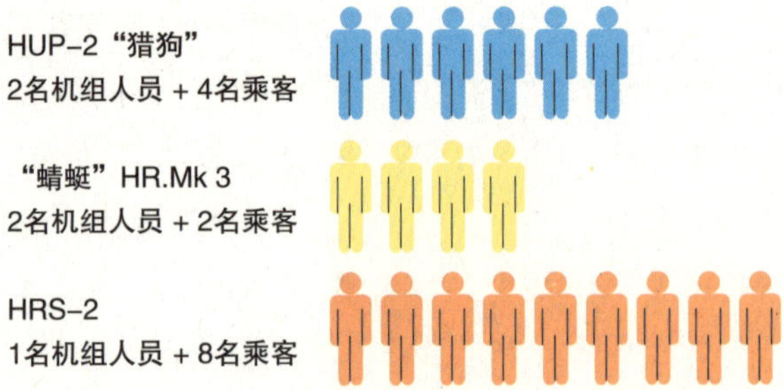

皮亚塞斯基/维尔托尔（PIASECKI/VERTOL）

H-21直升机

● 运输直升机 ● 美国空军的第一种双旋翼直升机 ● 参加越战

H-21是为美国空军研制的，是按照HRP前后旋翼的布局设计的。它具有美国陆军的标记——美国陆军将其命名为“肖尼”。在错过了朝鲜战争一年之后，双旋翼的H-21“驮马”（在美国空军中的名称）于20世纪50年代开始在美国陆军航空兵中服役，一直到20世纪60年代的越南战争中。有几架飞机在外国部队中服役，主要是执行军事协助项目。

皮亚塞斯基/维尔托尔H-21

◀ **出口型“驮马”**

根据军事协助项目的要求，加拿大接收了6架H-21A。

▲ **边界间的飞行**

一架陆军的H-21“肖尼”成了从美国西海岸直接飞到东海岸的第一架直升机。在飞行中，一架加拿大的U-1A“水獭”通过初级的加油系统进行空中加油。

◀ **“肖尼”在越南**

CH-21C由第8和第57运输公司使用，配有勃朗宁机枪，仅仅服役了两年。

◀ **救援颜色**

美国空军军用空中运输大队所使用的机组人员救援机型被称作HH-21B。

◀ 法兰克·皮亚塞斯基的H-21/HRP使用了众所周知的前后排列的旋翼布局，这种布局在后来的H-25/HUP、H-46和H-47的设计中沿用。

▲ **高卢人的“会飞的香蕉”**

法国陆军的H-21C是在1957年交付的，在阿尔及利亚的冲突中服役。

H-21B “驮马”直升机

类型：前后排列旋翼士兵/货物运输直升机

动力装置：1台1063千瓦（1425马力）莱特R-1820-103旋风星形活塞发动机

最大速度：海平面时为204千米/小时（126英里/小时）

巡航速度：海平面时为158千米/小时（98英里/小时）

航程：644千米（400英里）

升限：2360米（7700英尺）

重量：净重4060千克（8932磅），最大起飞重量6895千克（15170磅）

乘员数：飞行员、副驾驶、地勤组组长，两名操作12.7毫米M2或7.62毫米M60机枪的炮手（在越南），加上20名士兵或12副担架

外形尺寸：主旋翼直径 13.41米（44英尺）

机长 16.00米（52英尺6英寸）

机高 4.80米（15英尺9英寸）

旋翼浆盘面积 282.52平方米（3040平方英尺）

法兰克·皮亚塞斯基的各种设计

■PV-2型：纤维覆盖的单座

PV-2是第二种美国制造的公开飞行的直升机。1944年，海军把HRP合同给了皮亚塞斯基公司。

■59/VZ-8型：1957年，陆军把一个合同给了皮亚塞斯基公司，要研制一种“飞行吉普”。皮亚塞斯基公司生产了“天车”，动力是两台活塞或涡轮发动机驱动涵道风扇来提供的。

■16H-1A“探路者”II：研究复合直升机的陆海军联合出资项目，从而产生了20世纪60年代早期的“探路者”和“探路者”II。

■PV-15/H-16运输者：在H-16出现的时候，它是世界上最大的直升机，于1953年开始飞行。美国陆军判定这种飞机不合适。

H-21B飞机档案

- 有几架民用的皮亚塞斯基PD-22（维尔托尔44）在纽约航空公司和其他航空公司服务。
- 两架H-21C重新安装了涡轴发动机，命名为XH-21D。
- 外国的H-21使用者有西德、法国和加拿大。
- 1962年7月，一些消息来源确认4名死于H-21直升机的美国飞行员是在越南参战的第一批遇难人员。
- 这个系列中的YH-21原型机于1952年4月11日首飞。
- 总共为美国陆军生产了334架这种直升机。

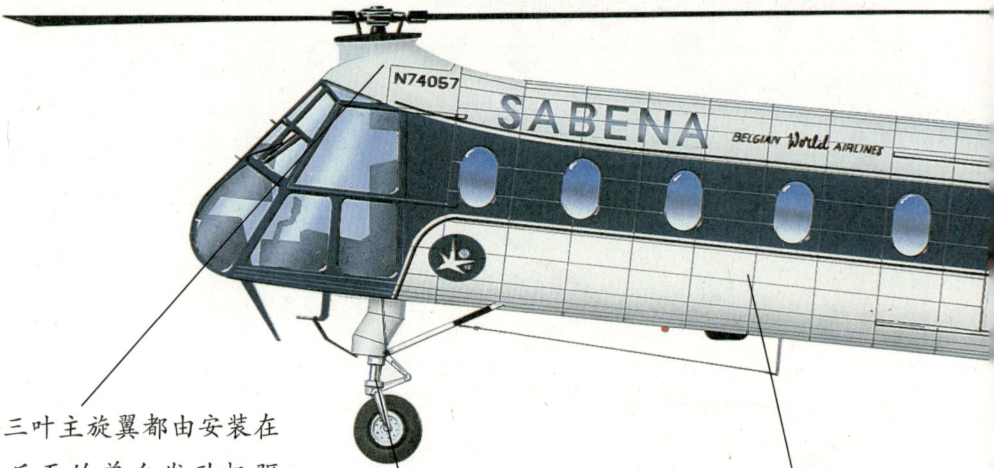

每个三叶主旋翼都由安装在主舱后面的单台发动机驱动。发动机的型号是1063千瓦（1425马力）莱特旋风活塞发动机。飞机的正常载油量为1136升（300加仑）。

非收回三轮起落架是标准的，但44/H-21也能安装膨胀浮筒在水上起降。

44A通用型可以携带19名乘客、12副担架和2名义务人员，或者一个2.5吨重的吊索。这里所示的44B是一架15座的民航机，带有一个邮件和货物舱。44C型是行政勤务运输机，有专为用户定制的内饰。

44A型

维尔托尔公司生产了少量的44型，这种飞机来自皮亚塞斯基的PD-22，这是“驮马”的民用机型。比利时的旗舰“萨贝纳”号在1958的世界博览会上使用的是一架租赁来的飞机。

“驮马”的载客44型民用改型机的用户有法国政府（44B型）和瑞典海军。瑞典海军把飞机进行了改装，执行反潜战的功能。44B型有一个1.42立方米（50立方英尺）的邮件和货仓。

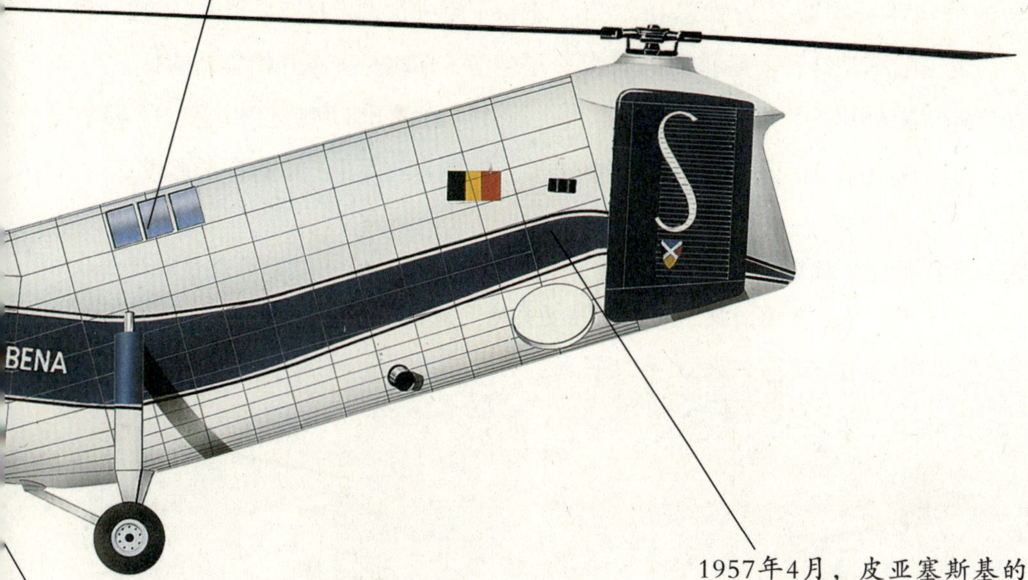

1957年4月，皮亚塞斯基的44型获得了美国民用航空局的型号证书，要进行对44型的升级——安装两台涡轴发动机来增加飞机的性能。

在尺寸为6.10×1.73×1.68米（20英尺×5英尺6英寸×5英尺6英寸）座舱的两端有上下乘客的门。后门有嵌入式乘客梯子和扶手。44B型的特点是有较大的椭圆形观察窗，比其他的维尔托尔“驮马”型号大。

法兰克·皮亚塞斯基的“会飞的香蕉”

美国陆军看到了H-21的潜力，于1952年给皮亚塞斯基公司奖励了一个生产合同。H-21的大部分都有装甲，也有携带两个副油箱的能力，还使用了一个2吨重的钩子。

1955年，当直升机的先锋法兰克·皮亚塞斯基先生被挤出以他名字命名的公司（公司改名为维尔托尔公司），美国陆军是这种前后排列的双旋翼直升机的最大用户。

H-21的基地在美国海军的HRP-2中队。飞机本身是纤维覆盖的HRP-1的发展机型，是皮亚塞斯基的第一种成功的前后排列的旋翼设计。

总共为陆军制造了400多架H-21，大多数都是H-21C的改型机，其中的一种是第一种从美国的东海岸直接飞到西海岸的直升机，由U-1A“水獭”在中途进行了空中加油。H-21于1961年12月到了越南，那时是美军开始集结的日子。

H-21的出口型是民用的H-44机型，在瑞典海军进行了有限的服役。

下图：在被西科尔斯基H-3所替代之前，有一些美国空军的H-21B是用作靶机回收飞机。图中为一次任务中回收了一架“赖安火蜂”遥控飞机。

效果数据

担架

H-21为前后排列旋翼设计，是比同期其他直升机大的一种直升机。飞机的机身有大的容积，可以装载士兵和担架，尤其适用于陆军。

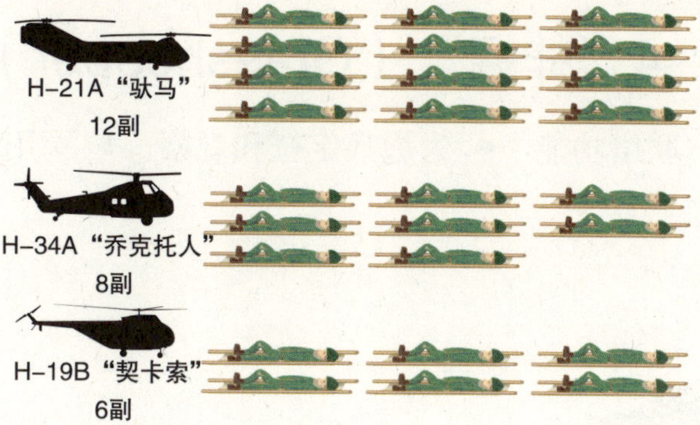

动力装置

所有这三种飞机都使用的是一台星形活塞发动机。H-21所使用的莱特旋风发动机要带动两个旋翼。西科斯基的H-34和H-19是传统的单旋翼设计，前者有动力最大的发动机。最终，涡轴发动机替代了大多数直升机上的星形发动机，因为这种发动机比同等重量的活塞发动机轻，动力更大。

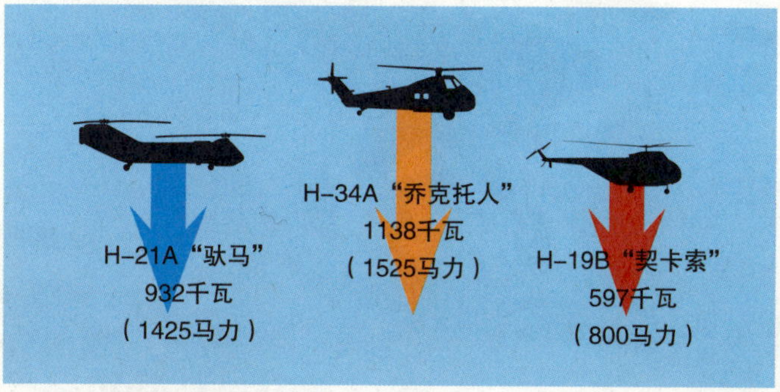

最大速度

H-21的双旋翼使得飞机比起较小旋翼的直升机有更高的最大速度。大型运输直升机的速度后来最高达到了约250千米/小时（如涡轴发动机驱动的CH-47），达到了设计极限。

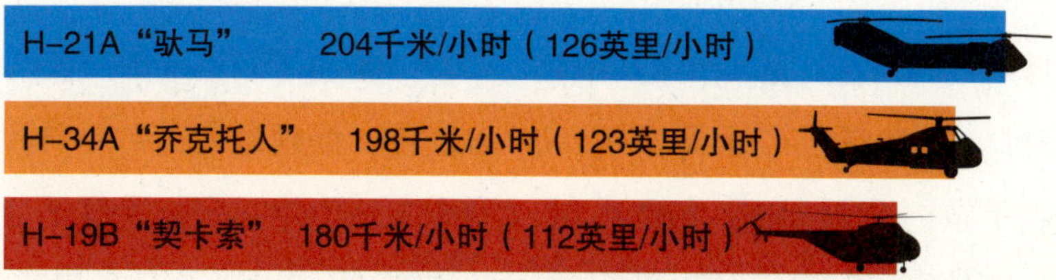

派珀公司（PIPER）

L–4“蚱蜢”（Grasshopper）飞机

● 联络功能 ● 为炮兵定位和观察 ● 军用轻型飞机

派珀L–4“蚱蜢”是步兵的一种主要的飞机。在战场上，士兵需要一种又快又可靠的方法来引导炮兵射击。L–4“蚱蜢”可以在部队前方的100～200米（328～656英尺）的上空抢占位置，俯视敌人，命令向敌人进行猛烈炮轰。为炮兵定位仅仅是分配给著名的“蚱蜢”许多军事任务中的一种。

派珀公司的L-4“蚱蜢”飞机

◀ **仍旧在飞行**

当盟军入侵欧洲的时候，一架L-4飞机上增加了黑白相间的条纹以便分辨。

◀ **带有火箭的罗西**

被其机组人员赞赏的飞机通常会获得“机头艺术”。这架L-4飞机就带有火箭管，绑在机翼的支柱上。

◀ **座舱玻璃**

与基本型的民用L-4“幼兽”相比，“蚱蜢”给其机组人员提供了明亮的全景视野。

◄ **轮胎**

L–4带有“气球型”轮胎，可以在泥泞的土跑道上起降。

◄ **高高飞行的“蚱蜢”**

在战场上，“蚱蜢”的飞行员使得飞机飞得很低，用自然障碍物掩护飞机躲避地面上的炮火。L–4可在许多战场上作战。

◄ 许多派珀的“蚱蜢”和“幼兽”飞机在世界上是适航的，这就证明了吉尔伯特·泰勒原始设计的质量。

美国陆军航空兵的观察机

■泰勒L-2“蚱蜢”：飞机是由创建了派珀L-4生产线的人设计的，总共制造了1866架。

■阿朗卡L-3“蚱蜢”：这种飞机结构上使用的金属比L-4的多，至少制造了1475架。

■斯丁森L-5“哨兵”：L-5主要在太平洋服役，后来在朝鲜服役。总共为陆军制造了3590架。

■洲际L-6“蚱蜢”：250架L-6是向外开的窗子，向下的视野极好。

L-4“蚱蜢”飞机

这架飞机的灰色伪装色的上面喷涂的是深绿褐色，这种颜色是许多美国陆军航空兵和空军的特点。它还带有登陆日入侵的条纹。

从结构方面看，L-4非常简单，是纤维面的木质机身。机翼没有缝翼和襟翼，但配有大的长翼展副翼。机翼的内部是用钢丝支撑的。

有5000多架L-4飞机安装了半暴露的大陆平列-4发动机，交付给了陆军。几架私人的J-4幼兽也在军队服役。

在进行单人飞行的时候，飞行员坐在后座上，后座有全套操纵装置，但一般是由观察员使用的。“蚱蜢”飞机还配有变换表和电台，这些配置因型号的不同而异。

L-4飞机档案

- 道格拉斯·麦克阿瑟将军在菲律宾曾好几次乘坐一架澳大利亚的军用L-4飞机。
- 在1942年2月3日到1945年8月22日期间，总共制造了5424架L-4飞机。
- “蚱蜢”有时被称作“L-鸟”。
- 一个美国陆军师有6～8架L-4“蚱蜢”飞机，执行侦察任务。
- 美国海军陆战队在太平洋的新不列颠战役中使用了L-4飞机。
- 二战后，许多L-4飞机主要被用作飞行员训练。

在登陆日前后飞行的所有盟军的飞机都喷涂了明显的条纹，避免与德国空军的飞机混淆。实际上，没有几架德国空军的飞机在诺曼底的海岸上空飞行。

尾翼和机翼由钢索或支柱支撑，这就对结构增加了必要的强度，而不增加结构的重量。在粗糙的跑道上起降会给机身增加很大的应力。

简　介

令人惊奇的派珀公司的“蚱蜢”飞机

1930年，吉尔伯特·泰勒设计了E-2泰勒“幼兽”飞机。威廉姆斯·L.派珀于1935年接过了飞机的生产，命名为J-3C-65“幼兽”。在二战前的一些年中，民用的J-3“幼兽”成了最普遍的运动飞机。

美国陆军航空兵于1941年购买了四架这种飞机，对飞机的炮兵侦察和前线联络功能进行评估，结果对“幼兽”非常满意。通过去掉纤维面而用透明的材料替代的临时措施，使得后座的观察员有了最好的视野，飞机就成了军用的“蚱蜢”。

“幼兽”是一种动力十足的飞机，是由普通的汽车用汽油送上天的。因为飞机又小又轻，可以在前线飞行，在前线进行侦察最需要这种能力。由于这种飞机的速度比德国空军歼击机的速度慢得多，所以它也相对不会受到歼击机的攻击，但地面炮火对它总是一种威胁。

L-4“蚱蜢”的产量比二战时其他的联络机的产量都大。更先进的飞机在战后被军队用来进行侦察和训练，直到20世纪50年代后期才退役。

上图：许多国家的空军在战后都使用“蚱蜢”。由于许多被修复的飞机都在飞行，大多数的航空迷们都能认出这种经典的上单翼飞机。

L-4“蚱蜢”飞机

类型： 双座联络和观察机

动力装置： 1台48千瓦（64马力）大陆O-170-3平列-4活塞发动机

最大速度： 148千米/小时（92英里/小时），巡航速度120千米/小时（75英里/小时）

航程： 416千米（258英里）

升限： 2835米（9301英尺）

乘员数： 前后排列的双座驾驶舱内有飞行员和观察员，标准的双操纵装置，观察员坐在转椅上

重量： 净重331千克（730磅），最大起飞重量533千克（1175磅）

外形尺寸： 翼展 10.73米（35英尺2英寸）

机长 6.78米（22英尺1英寸）

机高 2.03米（6英尺8英寸）

机翼面积 16.54平方米（178平方英尺）

上图： 这架L-4的主起落架上和机翼支柱上有弹性舷减震器，带有典型的美国陆军航空兵的标记。

效果数据

最大巡航速度

虽然速度对于进行炮兵等位并不重要，但对于执行联络任务及一些次要的任务（如伤员救助）可能是有用的。

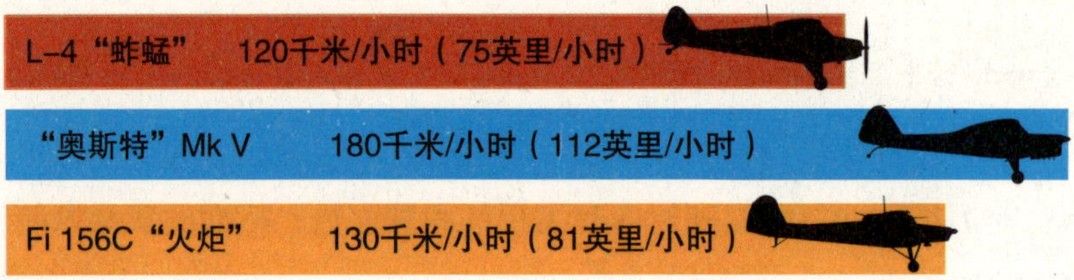

发动机功率

“蚱蜢”又小又轻，不需要额外的动力。要求更大的动力就需要较重的发动机，就会减短航程，而性能只能稍稍改善。

L-4“蚱蜢”	“奥斯特”Mk V	Fi 156C“火炬”
48千瓦	97千瓦	179千瓦
（64马力）	（130马力）	（240马力）

航程

“火炬”是一种大得多的飞机，可以携带更多的燃油，因此，航程就长，然而，飞机的目标也就大。L-4就其紧凑的尺寸来说，其航程也是很大的。

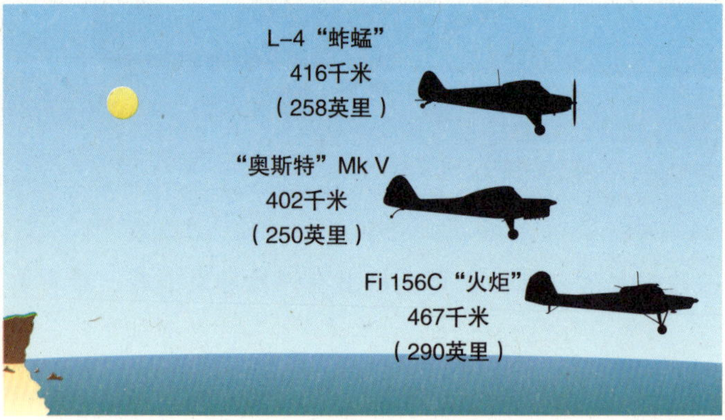

P–47“雷电”飞机（狭尖的背脊）

- 歼击轰炸机
- 重型飞机，动力十足
- 在欧洲服役

P–47的早期型“雷电”有着“狭尖的背脊”和带框的舱盖，很容易分辨，它为设计一种没有对手的又快又大的结实飞机打下了基础。狭尖的背脊“雷电”是由共和与柯蒂斯—莱特公司制造的，从1943年以来在美国陆军航空中占有重要的地位。它开始是作为歼击机，后来是歼轰机，在被占领的欧洲进行攻击。

共和公司P-47“雷电”（“狭尖的背脊”）

◀ **皇家空军“雷电”Mk I**

在皇家空军中，P-47B（左图）和P-47D被称作“雷电”Mk I和Mk II，大多数都被派往了远东。

◀ **第一架参战的“讫里什那神车”**

这些P-47B都是交付给战斗部队第56歼击机大队的飞机，于1942年晚些时候抵达了英格兰，要经历战斗的考验。

◀ **保留下来的“战鸟”**

有许多“狭尖的背脊”P-47（其中包括这架P-47G）都被恢复到适航条件了。

◀ **在太平洋上的军舰上**

1944年6月，美国陆军航空兵的P-47从夏威夷到了马里亚纳群岛，登上了“马尼拉湾”号军舰。

◀ **三家工厂生产**

“雷电”是由共和公司位于印第安纳州埃文斯威和纽约长岛的工厂，以及由位于纽约州布法罗的柯蒂斯-莱特公司生产的。

◀ 如果说“狭尖的背脊”的早期型P-47有缺陷的话，那就是驾驶舱后面的200的盲点。这个缺陷在后来的生产型P-47D和其他的带有“气泡式”舱盖的改型机上得到了纠正。

P-47B型飞机档案

- 与P-51野马一样，P-47的设计、试验和投入服役都是在战争年代进行的。
- 美国陆军航空兵于1941年12月21日接收了第一架P-47飞机。
- “狭尖的背脊”P-47D也供应给了法国和前苏联空军。
- 第56飞行大队是第一支用P-47作战的部队，也是最优秀的美国歼击机大队，共击落了674.5架飞机。
- 一架满载的P-47D的重量是Bf 109的2.5倍。
- P-47的巨大的四叶螺旋桨的直径为3.76米（12英尺4英寸）。

在亚历山大·卡特威利早期的P-44设计的基础上，P-47使用了当时功率最大的发动机——普惠R-2800 18缸双排星形发动机。在P-47D上所使用的变型发动机使用了水喷射来增加飞机在高空的性能。

P-47原来的设计是轻型歼击机，但为了改进最大速度进行了重新设计，命名为XP-47B。原型机于1941年5月6日首飞。飞机重达6059千克（13358磅），是美国陆军航空兵所使用的最重的单座飞机。

P-47D“雷电”飞机

42-22490“甲壳虫”在第355歼击机大队第358歼击机中队服役。1943年11月7日，在法国的卡昂执行护航和攻击任务的时候，被德军迫降。德国空军很快就驾驶这种飞机从雷西林试验中心起飞了。

早期“雷电”的“狭尖的背脊”带有较早的卡特威利设计特点，即塞维尔斯基P-35和共和P-43枪手。

P-47B在1943年早些时候开始服役，对轰炸机进行护航。早期的使用暴露了飞机的爬升率不够，机动性也很差，但俯冲性能很好。飞机在战斗中没有受损的能力成为了传奇。

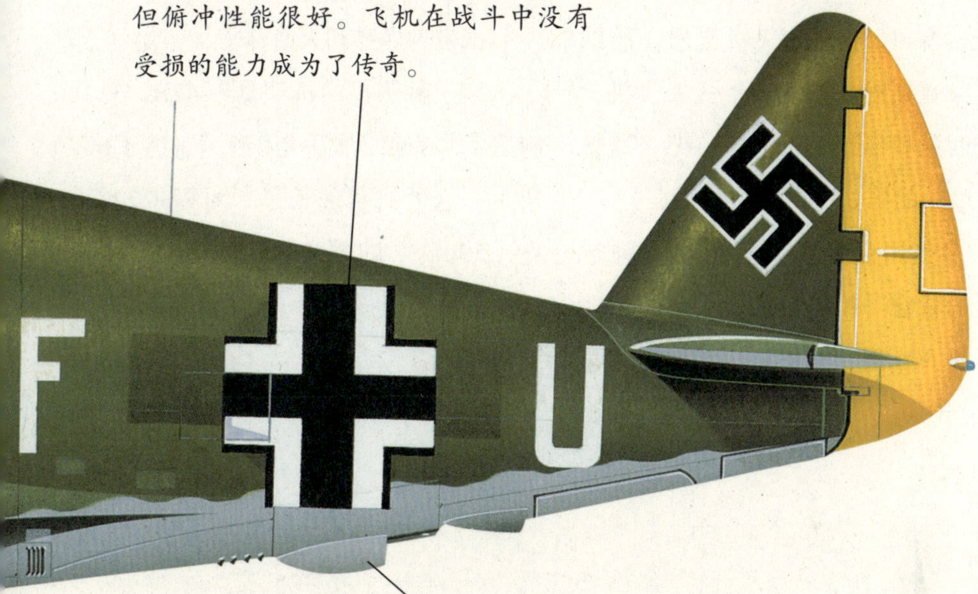

R-2800发动机的涡轮增压器位于后机身，由发动机下面的函道提供气体。在这里可以得到足够的冷却，可以安排更多的气动发动机整流罩。废气门可以把热气排放到大气中或引导到涡轮中。

“讫里什那神车”（Juggernaut）的巨大力量

“雷电”于1942年的圣诞节前到了英格兰。1943年3月10日，第4歼击机大队在欧洲进行了第一次攻击，这是难以置信的胜利的开始。

第一次众所周知的战斗发生在1943年4月15日——第4飞行大队与德国空军的Focke-Wulf Fw 190飞机遭遇。唐纳德·布莱克斯里少校截击了三架飞机，在比利时的奥斯坦德击落了一架，赢得了“雷电”的第一次空战的胜利。

许多美国的王牌飞行员都驾驶过“狭尖的背脊”P-47飞机，其中有弗朗西斯·哥布斯基、罗伯特·约翰逊和马修林。

由于P-47不能够护卫轰炸机飞到欧洲去（后来的机型加装了外部油箱），它更多的是作为歼轰机使用，担负着训练任务，与英国的“台风”飞机一起担负着反坦克的角色。与台风飞机一样，P-47携带着炸弹和火箭弹。

第一种服役的机型是P-47B，总共制造了171架。然后是C型（制造了602架），它的机身加长了，可携带227千克（500磅）的炸弹或副油箱。生产的最多的机型是P-47D，它的功率和载弹量增大了。

上图：1944年8月4日，这架XP-47J（装有1台1566千瓦R-2800-57发动机）创下了811千米/小时（504英里/小时）的速度纪录。

P-47B“雷电”飞机

类型：单座歼击机和歼轰机

动力装置：1台1491千瓦（2000马力）普拉特·惠特尼R-2800-21双黄蜂18缸星形发动机

最大速度：8473米（27800英尺）高度时为690千米/小时（429英里/小时）

初始爬升率：6.7 分钟到达4572米（15000英尺）

航程：885千米（550英里）

升限：12800米（41995英尺）

重量：净重4239千克（9345磅）；满载6059千克（13358磅）

武器配备：8挺12.7毫米勃朗宁M2机枪，每挺500发子弹

外形尺寸：翼展 12.62米（41英尺5英寸）
机长 10.93米（35英尺10英寸）
机高 4.47米（14英尺8英寸）
机翼面积 27.87平方米（300平方英尺）

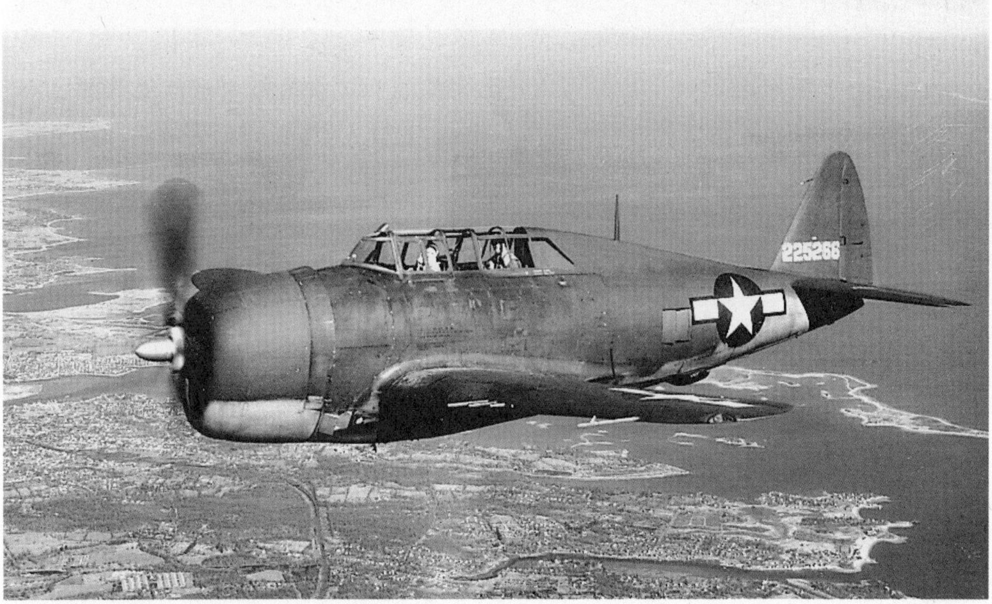

上图：这架飞机是从柯蒂斯-莱特制造的两架P-47G改成TP-47G教练机中的一架。前座替代了一个油箱。

战前塞维尔斯基/共和公司的飞机

■SEV-3：这种三座双气囊飞机于1933年6月首飞。塞维尔斯基的第一架飞机是SEV-3M-WW型，是为哥伦比亚制造的。

■BT-8：为美国陆军航空兵制造的这种双座基本型教练机的动力是1台335千瓦的普惠双黄蜂发动机。总共制造了30架。

■P-35：这种歼击机于1935开始飞行，带有可收回的起落架。为USAAC生产的数量有限。瑞典有60架。

■P-43“枪手”：当P-43出现的时候，塞维尔斯基公司就变成了共和公司。这种时速为580千米/小时（360英里/小时）的歼击机是P-47的基础。

效果数据

最大速度

P-47是战争中速度最快的歼击机中的一种，尤其是它后来的机型。早期的P-47D具有给人印象深刻的俯冲速度。然而，速度稍慢的Fw 190比其他较重的机型的体积小，也灵活一些。

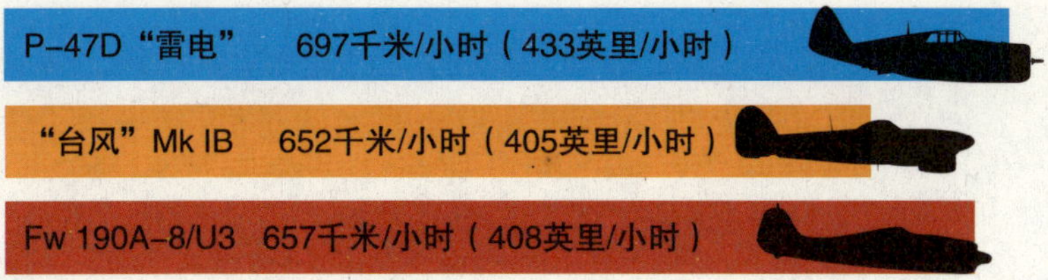

武器配备

最早的“狭尖的背脊”“雷电”不能携带大量的弹药，这一点在后来的机型中得到了纠正。与P-47一样，“台风”开始也是歼击机。但由于它的载弹量大，成了一种多功能的地面攻击机。

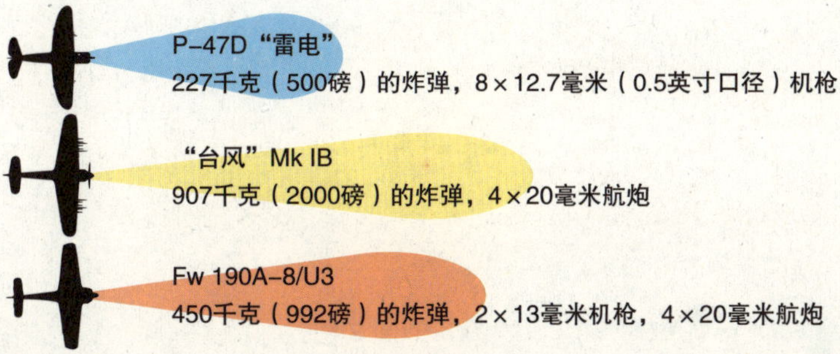

发动机功率

早期的“狭尖的背脊”P-47D安装的是1491千瓦R-2800发动机，与其他同类机型相比动力不足。“台风”的“军刀”是一种动力非常大的发动机，但不可靠，而Fw 190的BMW 801是一种被验证了的发动机。

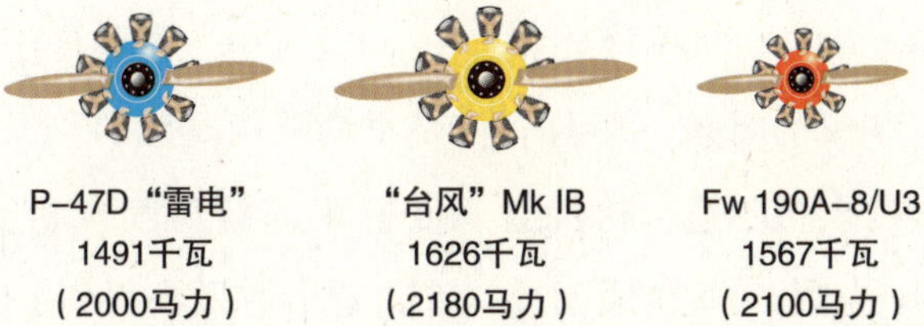

美国共和飞机公司（REPUBLIC）

F-84“雷电”（Thunder）喷气飞机

● 地面攻击 ● 直翼 ● 朝鲜战争退役

当第一架F-84“雷电”喷气飞机于1950年12月飞抵朝鲜的时候，美国空军发现自己的这种歼击机不适合执行空对空的行动，但作为轰炸机和地面攻击平台是没有对手的。在某种意义上，F-84“雷电”总是处于次要的位置上，是早期喷气时代的“保险”飞机。在速度更快的新型喷气机受到关注很久以前，已经在欧洲得到了广泛使用。

共和公司F-84“雷电”飞机

◀ **喷气时代**

XP-84于1945年12月出产。因为机身的设计是围绕着轴流发动机设计的，所以机身很干净。

◀ **管状视野**

XF-103截击机装有一个潜望镜，飞行员可以通过它驾驶飞机。

◀ **火箭弹攻击**

这架飞机对一个练习场发射了全部的对地火箭弹。这种技术在朝鲜战争中得到了广泛应用。

◀ **无需跑道**

因为跑道很容易被破坏，一些F-84装有固体燃料助推器火箭，可以从卡车的后面进行飞机的发射。

◀ “雷电”喷气飞机登上了美国海军的航母驶向朝鲜，飞机及其飞行员要经过长途跋涉才能在日本的港口下舰。

◀ **明星表演者**

“雷鸟”是美国空军的飞行表演队，从1953年F-84G的出现就一直飞行这种飞机，直到1955年这种机型被淘汰，后掠翼的F-84F受到喜爱。飞行员对共和公司的“雷电”喷气飞机大加赞赏。

欧洲上空的“雷电”飞机

■**丹麦**：由于二战后北约的组建，丹麦接收了这种飞机。“雷电”喷气机是战后丹麦的第一种服役的歼击机。

■**葡萄牙**：“雷电”喷气机一直飞到了20世纪70年代，许多北约国家使用过它，其中有比利时、意大利和葡萄牙，最终被幻影和F-104所替代。

■**土耳其**：这架色彩艳丽的飞机是土耳其空军飞行表演队的飞机。这种飞机担当过进行地面攻击和歼击机的职责。

F–84E飞机档案

- F–84是1946年9月6日二战结束之后美国的第一架新型歼击机。
- 首飞是于1946年2月28日在加州的爱德华兹空军基地进行的。
- 1946年9月6日，飞机创下了983千米/小时（609英里/小时）的速度纪录。
- “雷电”喷气机是在1947年的夏天开始服役的，开始被称为P–84B。P代表追击。
- F–84第一次在朝鲜战争中执行作战任务是在1950年12月6日。
- F–84共摧毁了105架米格–15飞机，大多是在进行地面攻击的时候摧毁的。

驾驶舱的上面是滑动舱盖。后来的机型配有支柱，以增加引擎罩抵挡鸟撞击的强度。这也极大地减轻了舱盖结构的难度。

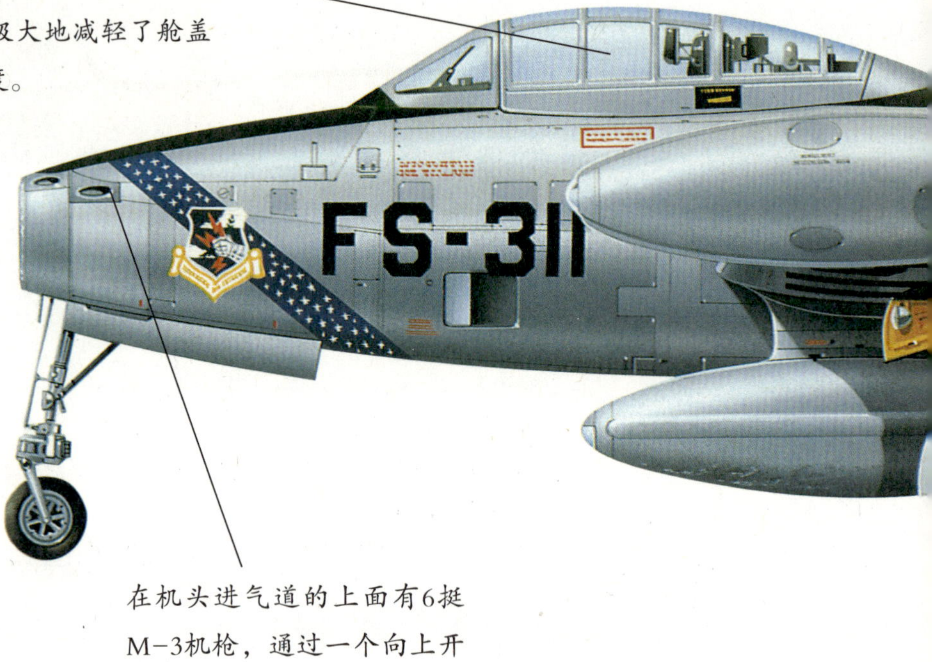

在机头进气道的上面有6挺M–3机枪，通过一个向上开的门可以给机枪装弹药。

F-84G"雷电"喷气飞机

"雷电"喷气飞机的设计和布局简单，是美国空军的一种在战时可以执行各种任务的飞机。它赢得了"歼轰机之冠"的称号。

F-84是第一种安装了空中加油嘴的歼击机，加油嘴位于右侧的翼尖油箱上。加油机是战略空军司令部的KB-29P。

由于后掠翼的F-84G经历了许多研制问题，所以，美国空军歼击机机群的G型飞机又重新使用了直翼设计。F-84G原来是完全作为一种临时设计，却进行了大量生产，在许多北约国家的空军中服役。

由于安装了艾利逊J35发动机，F-84的最大速度达到了1000千米/小时（620英里/小时）。这使得飞机被用作歼击机，执行攻击任务。

直翼的“勇士”

共和公司的直翼飞机F-84 “雷电”喷气机是一种结实的多功能喷气歼击机。当航空业正在进行一场生产后掠翼喷气机革命的时候，F-84正源源不断地从生产线上下来。F-84是一种结实可靠的战斗机，在朝鲜立下了显赫战功。多年来，这种飞机装备了北约许多国家的空军。

直翼的F-84D、F-84E和F-84G歼击机在朝鲜执行了数千次的歼轰机的任务，击落了几架米格-15飞机。其他的飞机在战略空中司令部服役，被用作护卫歼击机。“终极”的直翼“雷电”喷气（F-84G）比其他较早机型的动力更大，从一开始就配有进行空中加油的设备。

这些歼击机是第一批在海外大量使用的飞机，创下了大批飞机飞跃大西洋和太平洋进行转场的几项纪录。F-84的基本设计很好，导致了后来的后掠翼机型，这种后掠翼机型的表现也很突出。

面对要支持欧洲防御的需要，美国给北约联盟提供给了1936架“雷电”喷气飞机。图中是一架早期的荷兰飞机在进行低空巡逻。

F-84E“雷电”喷气飞机

类型：单座喷气歼轰机

动力装置：1台22.2千牛（5000磅）推力“阿里逊”J35-A-17涡喷发动机

最大速度：987千米/小时（612英里/小时）

初始爬升率：1847米/分钟（6060英尺/分钟）

航程：3138千米（1945英里）

升限：13173米（43200英尺）

重量：净重4629千克（10183磅），最大起飞重量10189千克（22416磅）

武器配备：6挺12.7毫米机枪，最多2041千克（4500磅）炸弹或32枚机载高速火箭

外形尺寸：翼展 11.09米（36英尺4英寸）；机长 11.76米（38英尺7英寸）
机高 3.91米（12英尺9英寸）；机翼面积 24.15平方米（260平方英尺）

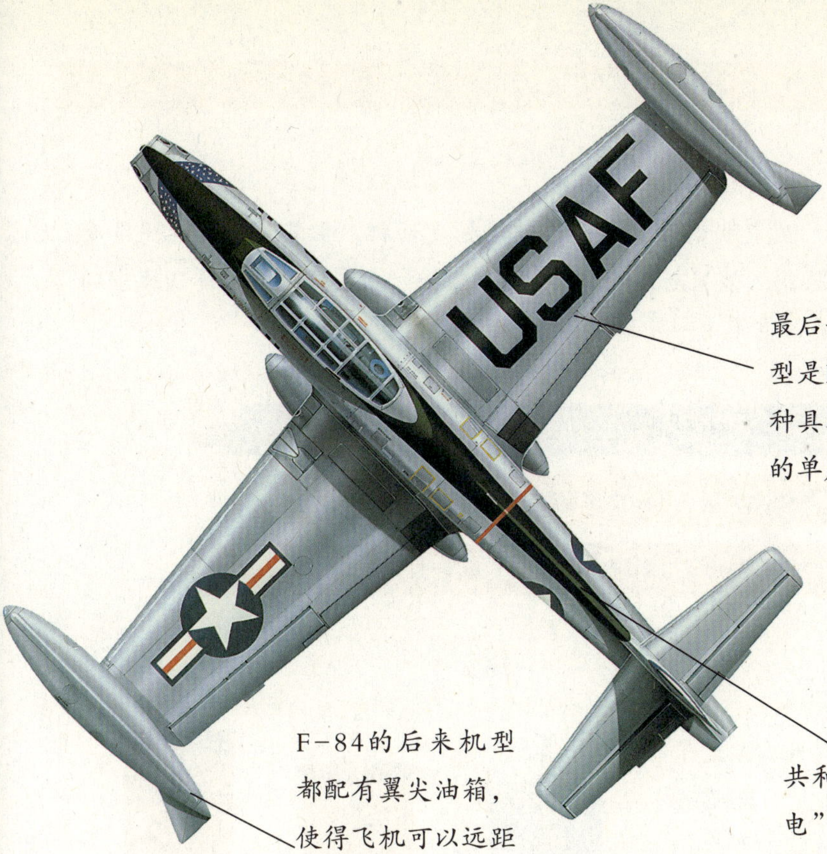

最后一种直翼的F-84机型是F-84G，这是第一种具有使用核武器能力的单座歼击机。

F-84的后来机型都配有翼尖油箱，使得飞机可以远距飞行而速度不减。

共和公司的F-84“雷电”喷气机有大量的改动，最显著的是增加了机身的长度。

下图： 面对加强欧洲防御能力的需要，美国向其北约盟军提供了1936年的“雷电”喷气飞机的机型。照片中，是一架荷兰的早期机型正在执行低空巡逻飞行任务。

效果数据

最大速度

虽然“雷电”喷气机的动力是一台改进的发动机，但其最大速度还是受到了直翼设计的限制。俄罗斯以其米格-15“柴捆”而在歼击机设计领域中领先，对在朝鲜的美国空军是一件不愉快的事情。

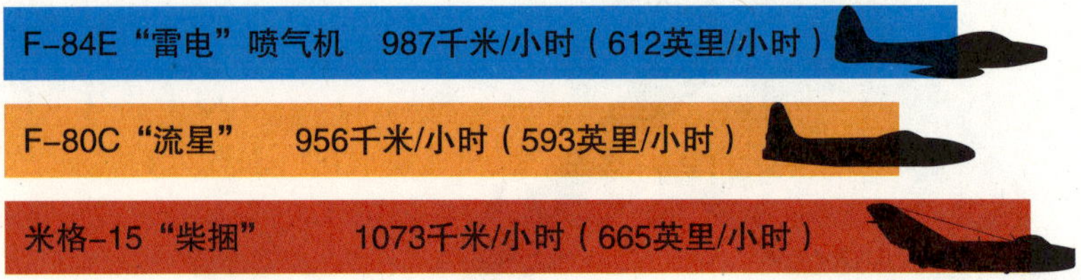

爬升率

米格-15的爬升率超过了“雷电”喷气机，它能够在空战中击败F-84。正是这个原因，F-84被限制只能进行地面攻击，而护航的歼击机就可以执行这种任务。

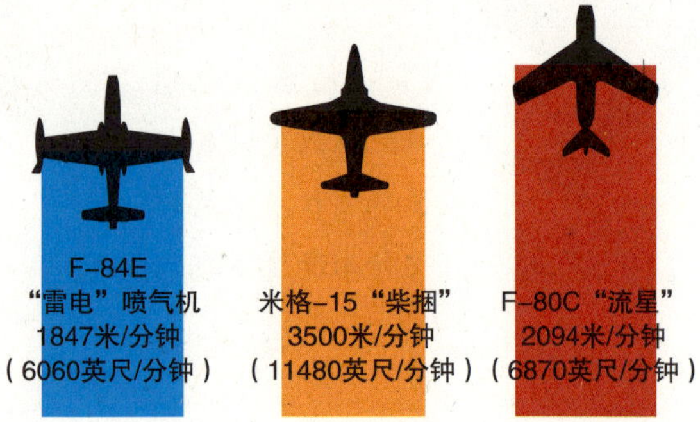

推力

早期的喷气发动机往往受到其功率输出的限制，所以，F-84E“雷电”喷气机比同期的飞机的性能要差。较早的F-80C“流星”有加大的推力，但不能执行F-84E“雷电”喷气机能执行的许多攻击任务。

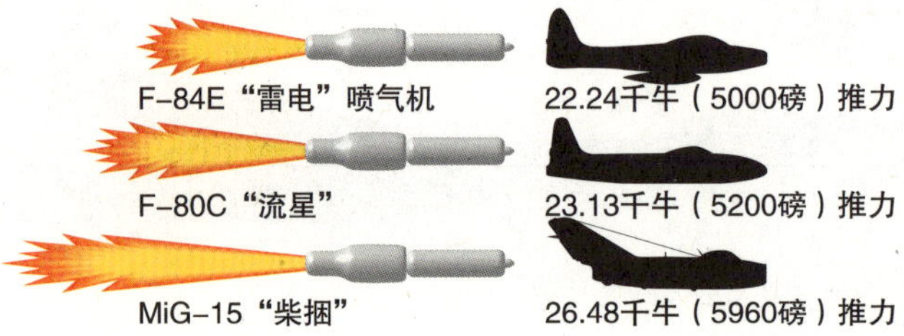

美国共和飞机公司（REPUBLIC）

RF-84F“电光”（Thunderflash）飞机

- 战术侦察机
- 北约的支柱
- 寿命长

F-84F“雷电”服役后，很快就证明自己非常适合于作为一种远距歼轰机。它的改型机RF-84F“电光”也同时投产了。这种变型机的不同之处是装有相机的机头以及在翼根有莱特J65发动机的进气口。这种飞机装备了美国空军的几个中队，成了几支北约空军的支柱飞机。

共和公司RF-84F“电光”飞机

◀ **最后退役的飞机**

20世纪70年代，许多RF-84F开始慢慢地从欧洲上空消失。然而，一直在希腊空军的这些飞机是例外，一直到1991年才退役。

▶ **额外的燃油**

“电光”经常在机身的下面带有大的油箱来增加续航时间。这是荷兰飞机的编队。

▼ **在美国本土服役**

美国空军的飞机频繁地在演习中显示自己的性能，如代号为“山艾树”的演习。这架RF-84是驻扎在肖尔空军基地第18中队的飞机。

◀ **外观差别**

“电光”与标准的F-84F在一起的时候，它的重新设计的机头和位于翼根小的进气口效果很好。

◀ 这是一种F-84F的专用侦察改型机，证明了自己是一种受欢迎的高效飞机。许多飞机的服役期都很长。

◀ **冷战中的侦察机**

比利时仅仅是购买了RF-84F的许多北约国家中的一个。这些飞机都配有比尔赛特机翼，直到20世纪70年代的早期被幻影5BR替代。

RF-84F“电光”

这种飞机是交付给西德的108架“电光”中的一架，它在第51中队服役，这个中队在1964年装备了RF-104G星歼击机。

F-84F的大航程使得它成为战术侦察机的理想候选机型。在机头上安装了4台相机，机头的两侧一边一台。通过位于风挡前面机背舱口可以很方便地对专用设备进行维护。

对机身的重新设计也使得驾驶舱更宽敞了。对人机工程布局进行大量的工作。舱盖连接在双液压机上，是向上打开的。

机身大量使用了硬铝。机翼和尾翼上锻压件的使用比例很大，而不是较早的F-84所使用的组合组件。

RF-84F飞机档案

- 被改装成了进行“寄生虫战斗机”实验机的飞机是RF-84K，它的特点是背上带有钩子。
- 西德是欧洲最大的用户，接收了108架RF-84F。
- 莱特J65发动机在美国由通用汽车公司进行授权生产。
- “电光”飞机在常规的美国空军部队服役了之后，从1956年开始被转给了11支国民警卫队的中队。
- 有一架飞机被改成了XF-84H，进行高速螺旋桨试验。

后掠翼F-84的主要部件是莱特J65发动机。这基本上是美国版的阿姆斯壮公司蓝宝石发动机。J65在当时许多的美国机型上使用，包括道格拉斯A4D“天鹰”和北美的FJ-4“愤怒”。

在翼根的下面常常装有大的油箱来增大航程——虽然这会增加很大的阻力和重量。

“电光”的侦察型

虽然F-84F系列是以直翼的“雷电”喷气飞机为基础的，但与它却没有什么共同之处。几乎是从一开始人们就在设想一种“雷电”的专用照相侦察改型机。

装有昂贵的专用相机的坚固的机头替代了进气口。这就造成了与众不同的外表，需要把进气口移动到前缘机翼翼根处，这样做实际上改善了发动机的性能——新的进气道在把气体引入到发动机方面更有效。

总共制造了700架RF-84F，装备了5支照相侦察中队和其他几支中队。另外，改装了25架飞机，在歼击机转运项目中使用。这个项目基本上是“寄生虫战斗机”概念的还原——“电光”由康威尔B-36带上天空，然后在高空进行投放。20世纪50年代，一些北约国家都装备了许多架RF-84，如比利时、挪威、荷兰和西德等。剩下的“电光”后来都转给了希腊和土耳其。

上图：比利时的飞机后来喷涂的是三色的战术伪装色，类似于美国空军在越南的飞机上的T.O. 1-14颜色。

上图：虽然“电光”比它前面的直翼飞机的速度都快，但它不是轻型飞机，性能尚可。

RF-84F“电光”飞机

类型：单座战术侦察机

动力装置：1台34.70千牛（7808 磅）推力莱特J65 W-7“蓝宝石”涡喷发动机

最大速度：1093千米/小时（679英里/小时）

初始爬升率：1847米/分钟（6060英尺/秒）

航程：1352千米（840英里）

升限：12006米（39389英尺）

重量：满载6357千克（14017磅）

最大载油量：6654升（1755 加仑）

武器配备：4挺12.7毫米机枪

外形尺寸：翼展 10.23米（33英尺6英寸）

机长 14.52米（47英尺8英寸）

机高 4.57米（15英尺）

机翼面积 30.19平方米（325平方英尺）

一种飞机的改型机

■F-84E：这是第一架重新设计的“雷电”喷气机，其特点是机身长，装有动力更大的J35发动机。

■F-84G：这是最后一种直翼改型机，它的灵活性更好，能够进行空中加油。

■F-84F：“雷电”虽然不如F-86和F-100，但其作为战术歼击机的功能却是突出的。

■XF-84H：这种飞机基本是全新设计。有两架XF-84H被用来进行超音速螺旋桨试验。

效果数据

共和公司的第一架喷气机

RF-84B/C/D/E/G“雷电”喷气机：F-84是共和公司的第一架喷气机，也是战后美国空军的第一架飞机。它有5种主要改型机，于1948年开始服役。其中最有效的机型是F-84G 歼轰机，装备了美国空军战术和战略空中司令部的部队，一直到1956年。在1950—1953年的朝鲜战争中使用广泛。

F-84F“雷电”：“雷电”喷气机的成功促使了共和公司的设计团队要在后面的设计中采用有特点的设计。第一种原型机于1951年年初上天，动力是1台改进的阿姆斯壮公司蓝宝石喷气发动机。大量的这种飞机在美国空军服役，还装备了几支北约的空军，替代了直翼的“雷电”喷气机飞机。

美国共和飞机公司（REPUBLIC）

F-105“雷公”（Thunderchief）飞机

● 歼轰机 ● 大载弹量 ● 米格飞机的杀手

共和公司F-105“雷公”的飞行员在执行轰炸河内的任务时遭遇了极大的危险。地对空导弹、防空炮火和米格歼击机都要在F-105到达目标之前击落它。然而，地貌却给了F-105的飞行员以支持。有一个叫做“雷公”的山脊从老挝边界几乎延伸到了河内，沿着它可以较安全地接近目标。

共和公司F-105“雷公”飞机

◀ 早期的“雷公”

一些到达越南的第一批F-105D飞机在驾驶舱下还保留着它们的飞行号。1965年开始执行伪装色计划。

◀ 投入战斗

所有的F-105D飞行中队都驻扎在泰国，要经过长距离的转场飞行才能飞抵北越的目标。

◀ 塔克里的“雷公”

“RU”是一种尾号，表示这架飞机是驻扎在塔克里皇家空军基地。

◀ **重要的加油**

F-105所执行的任务是长距离的，大多数的飞行架次都需要进行空中加油。

◀ 在艰苦的飞行作战中，“雷公”的轰炸战役从1965年持续到1968年，美国空军的F-105D“雷公”首当其冲。飞机主要用在大的攻击战役中，攻击战略目标。

F-105D飞机档案

- 在大多数的越南战争中，F-105歼击机轰炸战略目标，而B-52轰炸机却是执行战术任务。
- 两名F-105的飞行员被授予荣誉奖章，表彰他们的勇气。
- 在F-105的飞行员离开越南之前必须完成100次任务。
- 据一位分析人员说，每名F-105的飞行员几乎是在进行第68次飞行的时候就会被击落。
- F-105使用航炮和AIM-9响尾蛇导弹击落了25架米格飞机。
- 在越南所损失的飞机总价值估计为3129948000美元。

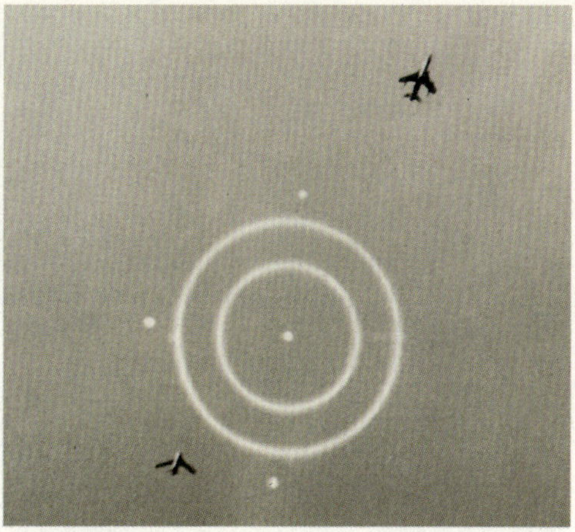

▲ 空对空

这是从另一架F-105D的瞄准具所看到的情景：一架“雷公”正与一架米格-17飞机交战。

▲ 飞行的“雷公”

从1967年“雷公”飞行作战的高度上看，这些涂满了伪装色的F-105就是参战的数百架飞机。

F-105D“雷公”飞机

类型：单座战术歼击机

动力装置：1台117.92千牛（26532磅）推力普拉特·惠特尼J75-P-19W加力燃烧涡喷发动机

最大速度：10975米（36000英尺）高度时为2237千米/小时（1390英里/小时）

初始爬升率：10515米/分钟（34498英尺/分钟）

作战航程：2975千米（1849英里）

升限：15850米（52000英尺）

重量：净重12474千克（27500磅），最大起飞重量23834千克（52545磅）

武器配备：1门20毫米M61A1“伍尔坎”航炮，1028发炮弹；执行轰炸河内任务时带有8枚340千克（750磅）炸弹，或最多6350千克（14000磅）弹药

外形尺寸：翼展 10.65米（34英尺11英寸）
长度 19.58米（64英尺3英寸）
高度 5.99米（19英尺8英寸）
机翼面积 35.76平方米（385平方英尺）

上图： 这架第355战术歼击机大队的飞机携带了M117和Mk 82炸弹，一些带有加长的引信。

几架F-105D的飞行员充分利用了可靠的M61 20毫米6航炮。F-105击落MiG-17主要是靠航炮——虽然至少发射了三枚响尾蛇导弹。

弹射座椅对于空战至关重要。几乎所有400架F-105在越南都被击落了，只有几名飞行员成功逃生，其他人就没有那么幸运了。

F-105D“雷公”

美国空军的两支战术歼击机大队驾驶F-105在越南作战。飞机抵达后就参加了战斗，飞机的自然金属面上喷涂的是明亮的大队标记。

虽然J75发动机的动力是117.92千牛（26532磅）推力，但提供给F-105D的动力仍显不足。需要打开加力燃烧室才能使得满载的“雷公”在空中飞行。

这种在外挂架上带有一枚M117炸弹的早期构型很快就被两个油箱、中心线挂架上的6枚M117炸弹、一个外挂架上的电子对抗吊舱以及另一个外挂架上的AIM-9的构型所替代。

在执行任务的时候，在每侧的内挂架上带有一个1703升（375加仑）的副油箱。空中加油也是需要的。但是，一旦F-105D加满了油，它可以在空中飞行很长时间，其大载弹量使得飞机具有好的作战持久性。

F-105能够承受严重的战斗损伤。一架飞机的排气管中带有一枚意外发射的AIM-9居然还返回了基地。

驾驶“雷公”在越南战斗

几乎三分之一的F-105“雷公”飞机都是在防御严密的北越上空结束了自己的生命。在冲突中总共损失了397架飞机。那里充满了敌意，除了那个100千米（62英里）长的起伏延绵的山脊，它被飞行员们称作“雷公山脊”，它是以F-105飞机的绰号而命名的。

一架携带了8枚340千克（750磅）炸弹的F-105，只要躲过了敌人的导弹、米格飞机和防空炮火，就可以成功地对目标进行攻击。通常，F-105飞行员从加油机上进行空中加油，通过与指挥员或前线控制员的通信来操纵飞机，然后冲到敌方空域中。许多飞机都栽了下去，许多飞行员在与铺天盖地的防空炮火的斗争中牺牲。

飞行员接近目标的方法包括在一段航程中躲藏在“雷公山脊”的后面。这样，F-105就可以像攻击河内附近的哥布机场一样进行攻击，类似于偷袭。那是空战史上最危险的飞行，但F-105是一种性能良好的飞机，受过良好训练的飞行员勇猛作战，攻击地面目标，在空战中击落了米格-17飞机。在那场冲突结束的几十年后，曾经驾驶过F-105的飞行员仍旧很看重这种飞机。

“雷公”的战斗多功能

武器和战术：因为F-105是作为一种“哑巴”轰炸机服役的，它需要新式武器和战术。

用小斗犬导弹作战：F-105D使用小斗犬导弹来炸毁清化桥，但没有成功。

上图：为了准备1962年在内华达州内里斯空军基地举行的武器展览，这架F-105演示了美国空军机组人员及其飞机已经做好了战斗准备。

PAUL DOUMER BRIDGE：杜梅桥也被称作河内铁路和公路大桥，是许多F-105要摧毁的明显和重要目标。虽然“雷公”给这座大桥造成了一些损失，但还是需要配有激光制导炸弹的F-4D来完成这项任务。

穿过云层轰炸：穿过云层轰炸丛林中的目标是常事。带有雷达的EB-66是探路者。

效果数据

最大速度

在麦道的F-4开始大量地进入越南战场之前，F-105D是美国空军最快的一种战斗机。以下飞机的速度为在空中“干净”构型时的速度，但F-105D在海平面时是超音速的。

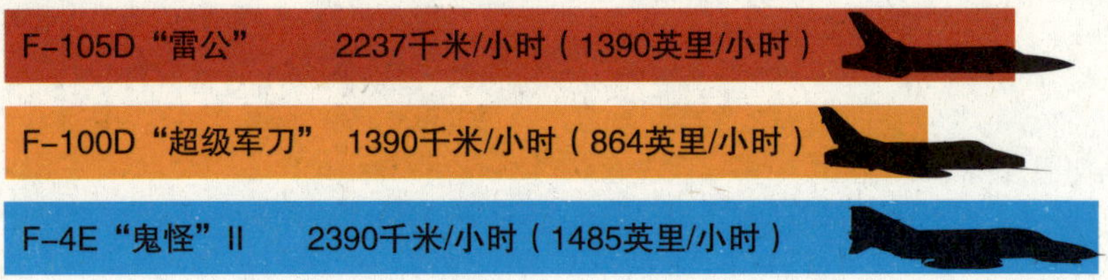

爬升率

即便按照现在的标准，F-4E的爬升率也是突出的。动力十足的“雷公”的性能比其他的老式北美公司的F-100D的性能好，能够逃脱敌方的防御。

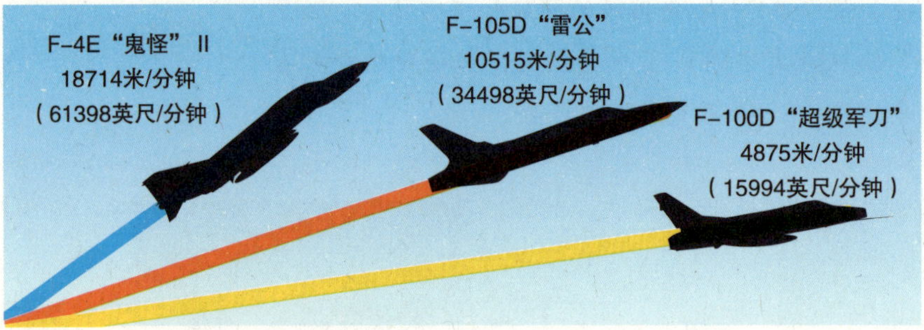

武器配备

所有这三架战术飞机都带有航炮。在带有导弹配备的F-4突出了在空战中需要航炮的需求之后，F-4E的这种机型就急匆匆地投入战斗了。

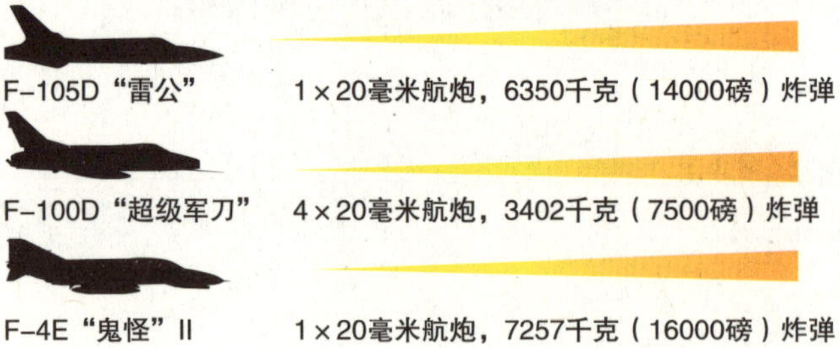

美国共和飞机公司（REPUBLIC）

F-105F/G“雷公”（“野鼬鼠”）飞机

- 在越南执行作战任务
- 国家空中警卫队
- 双座“雷公”

双座的共和F-105“雷公”比单座“雷公”重，也长一些。它是一种优秀的战斗机，是越南冲突中的一种重要武器。这种又重功率又大的战机在开始的时候是作为核轰炸机的，也可用作战斗飞行员的教练机。在越南，它成了一种夜间袭击飞机和“野鼬鼠”空对地的勇士，负责专门攻击空对地导弹设施的工作。

共和公司F-105F/G“雷公”（“野鼬鼠”）

▲ **“野鼬鼠”的传感器**

对敌方雷达进行探测和定位的AN/ALQ-105传感器安装在F-105G机身下两侧的长形整流罩中。

▲ 在越南每次执行反雷达任务的时候，F-105“野鼬鼠”的机组人员都面临着巨大的危险。许多飞机在美国国家空中警卫队中一直服役到20世纪80年代。

F-105G飞机档案

- 第一架双座F-105F“雷公”在1963年6月11日的首飞中，飞行速度超过了马赫数1。
- 总共制造了143架作为双座教练机（F-105F）。
- 有61架双座F-105G安装了先进的电子设备，执行反地对空导弹的任务。
- 一架典型的“野鼬鼠”F-105共有13个天线、3台计算机和最长为100千米（60英里）的线缆。
- F-105G的机身侧面有几个AN/ALQ-105电子对空吊舱。
- F-105的飞行员在越南的逃生机会为60%。

▲ **“百舌鸟”导弹和反雷达导弹**

这架飞机携带了越南战争时期的两种主要反雷达导弹。体积较大的导弹是AGM-78 反雷达导弹（ARM），体积较小的是AGM-45“百舌鸟”导弹。

F-105G“雷公”飞机

类型： 双座战术歼击机和“野鼬鼠”飞机

动力装置： 1台109千牛（24520磅）推力普拉特·惠特尼J75-P-19W涡喷发动机，有加力燃烧

最大速度： 10970米（36000英尺）为2.1马赫或2237千米/小时（1387英里/小时）

航程： 1480千米（920英里）

升限： 12560米（41200英尺）

重量： 净重12775千克（28105磅），满载25100千克（55220磅）

武器配备： 1门20毫米M61A1“伍尔坎”航炮，6350千克（14000磅）炸弹；执行“野鼬鼠”任务携带6枚AGM-45“百舌鸟”导弹或AGM-78标准反雷达导弹

外形尺寸： 翼展 10.59米（34英尺9英寸）
机长 20.42米（67英尺）
机高 6.12米（20 英尺1英寸）
机翼面积 35.77平方米（385平方英尺）

◀ 雷达杀手

这架带有“百舌鸟”导弹的F-105F正准备去摧毁敌方工作中的雷达，而带有炸弹的F-105D则要摧毁其他雷达阵地。

◀ 反辐射功能

一套专用设备使得F-105G可以探测敌方雷达发射器的电磁辐射。

▲ 阻力伞

一架F-105F和一架单座F-105D在着陆时打开减速伞减速。“雷公”需要较长的跑道。

在越南上空的“鼬鼠行为”

■**麦道A-4“天鹰”**：少量的“天鹰”也用AGM-45执行防御抑制任务。

■**麦道F-4G“幻影”II**：F-4G代表了在越南能使用的最先进的“野鼬鼠”飞机。

■**北美F-100F“超级军刀”**：7架改装的F-100F飞机是第一批真正执行“野鼬鼠”任务的飞机。

■**A-7“海盗”II**：许多美国海军的A-7被改成了携带AGM-45“百舌鸟”导弹，但没有携带其他的特殊系统。

F-100G“雷公”

63-8265飞机属于第23战术歼击机大队的第561战术歼击机中队，驻扎在麦克可奈尔空军基地。第561战术歼击机中队是第一支装备了“野鼬鼠”F-105G的飞行中队。

在F-105机身上安装了第二个驾驶舱使得机身的长度加大了0.79米（3英尺）。重心位置的前移就意味着需要较高的垂尾来保持稳定性。

内部的M61航炮可提供额外的火力，这是保留了单座F-105D上的武器配备。

F-105G比F-105F的传感器更全面，从机身上的整流罩和天线就可以看出来。

四瓣减速板形成了F-105的尾椎。在空中或着陆的时候，减速板可延伸到飞机的滑流中，以缩短着陆滑跑的距离。

翼中挂架上安装的额外油箱有明显向下的角度。这个角度说明，油箱在大迎角的时候产生了最小阻力。

AIM-7“麻雀”导弹的弹体是AGM-45“百舌鸟”的基础。这种原始导弹不太可靠。这种导弹在空中的时候，如果关闭正在发射的雷达，它就会失去方向。

“雷公”的J75涡喷发动机动力十足，但很费油。在执行作战任务的时候，副油箱几乎是飞机永恒的特点。

简　介

让敌人的雷达悄无声息

共和F-105“雷公”的前后排列的驾驶舱中坐着两名飞行员，有着与单座“雷公”一样的力量和作战能力。

在大型的发出嚎叫声的“雷公”的服役早期，共和公司就提出了双座机型，可作为过渡教练机和作战飞机。第一种双座设计（F-105C和F-105E）没有制造，但F-105F最终出现的时候，它与单座的“雷公”一样，也是超音速的，装有炸弹，非常坚固。

在越南，双座机是美国空军中唯一能够对河内附近的目标进行夜间攻击的飞机，是“赖安”袭击的先锋，是执行类似美国海军格鲁门A-6“入侵者”的任务的夜间攻击力量。

当北越的地对空导弹连对友方的飞机构成威胁的时候，“雷公”在“野鼬鼠”任务中就成为了一支不败的力量。“雷公”执行从未执行过的最危险的任务。它载着一名飞行员和电子战官，用雷达找寻导弹，打击地对空导弹发射场，攻击雷达发射机，摧毁敌人的防御。许多飞机都进行了改装，安装了反地对空导弹设备（F-105G）。

左图：这架F-105带有明显的传感器整流罩，很容易进行分辨。虽然G型现在是最好的机型，但所有的G型都是从现有的F机身改成的。这是一架F-105F，它执行了最后一次任务。

右图：F-105F原来是要完成与F-105D一样的战术打击任务，而训练飞行员则是次要的。

效果数据

最大速度

F-105G和麦道F-4D都比“掠夺者”快得多，但这三种飞机在低空的速度都非常接近。

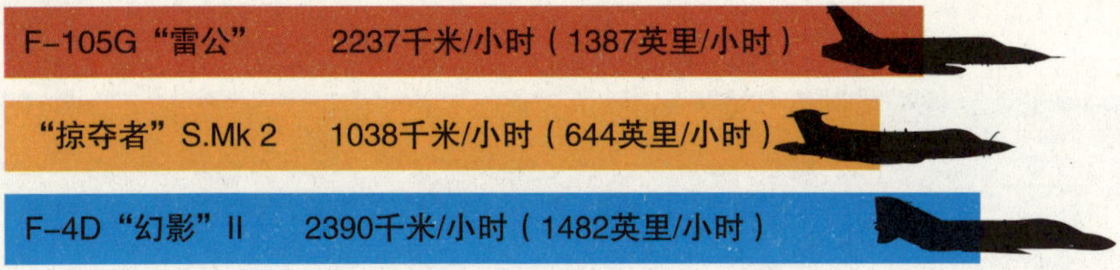

武器

“掠夺者”可携带大量的武器，是一种杰出的攻击机。与F-105G不同，F-4D可携带大量武器，但因没有机枪而妨碍了参加空战。

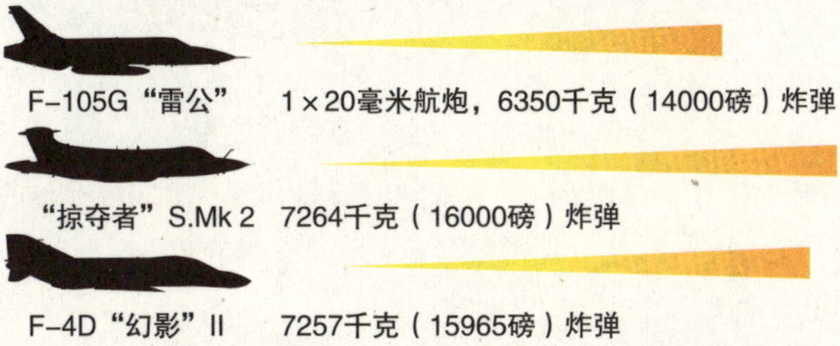

推力

一些专家认为F-105G动力不足，但飞行员却不认同这个观点。然而，它在越南的高温下起飞性能差，需要长跑道。

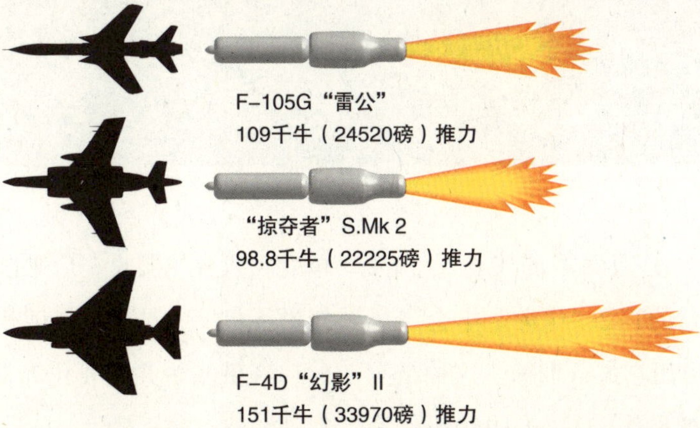

罗克韦尔（ROCKWELL）

T-2“橡树”（Buckeye）飞机

- 海军教练机
- 可在航母上操作
- 服役将近30年

多年来，美国海军的飞行员们都是用罗克韦尔的T-2“橡树”学会飞行的，领航员也用它进行训练。这种结实的飞机原来被称作F2J，于1959年作为单发飞机开始服役，后来改成了双发喷气教练机。它是以俄亥俄州的别名命名的，在俄亥俄州的哥伦布制造。T-2现在已经被T-45所替代。

图片档案

罗克韦尔公司的T-2“橡树”飞机

◀ **甲板着陆构型**

飞机大的襟翼可在飞机低速进近时产生高升力，拦阻钩是海军飞机的一个重要设备。

◀ **紧张时刻**

每次着舰时，学员飞行员必须使飞机的拦阻钩钩住四条拦截索中的一条，否则就必须复飞。

◀ **在舰上服役**

由于T-2使用的是被批准的系统，因此没有原型机就开始服役。“卡卡尔斯”号是美国莱克星顿级的航母，但“福雷斯特尔”号现在已经接替了它。

▶ **醒目的颜色**

教练机必须在“环形图”中很醒目，在航母周围更应如此。

▼ **南美的“橡树”**

委内瑞拉通过美国海军从罗克韦尔公司购买了12架T-2D教练机。希腊也有“橡树”飞机，有30架T-2E飞机。

▶ 从1959年开始，“橡树”就开始进行按照海军飞行训练教学大纲训练学员了，包括在声名狼藉的“卡卡尔斯”号上起降（航母资质）。在机场进行的航母着陆的理论和实践是飞行员为这种危险动作所做的仅有准备。

罗克韦尔国际公司的其他飞机

■**“刀鞘”**：在美国军队中被称为T-39，被用作教练机和通用运输机。

■**航天飞机**：罗克韦尔公司是美国国家航空航天局可重复使用航天飞机项目的主要承包商。

■**B-1B“枪手”**：强大的隐形B-1B枪手轰炸机是美国空军的破坏性常规和核武器飞机。

■**罗克韦尔/DASA X-31**：与MBB公司联合制造，用以研究“过失速”机动性。

T-2C飞机档案

- 第一架"橡树"飞机是T-2单发飞机，于1958年1月31日首飞。
- 美国海军原计划让"橡树"服役到2002年。
- 有超过18000名海军飞行员在T-2C上接受了训练。
- "橡树"是航母上的全能飞机，大多数海军飞行员都是用它进行首次着舰的。
- 在生产的273架"橡树"飞机中包括了231架为美国海军制造的飞机和42架出口型飞机。
- 第一架双发"橡树"飞机于1966年5月开始服役。

两名机组人员都坐在蛤壳式舱盖下面的LS-1弹射座椅上。教官处有一个电视系统，在进行打炮练习的时候可监视学员的瞄准情况。

"橡树"的双进气口原来是给单发提供气体的。但是，从1962年开始，每个进气口给一台发动机提供气体。

与美国的其他舰载机不同，"橡树"没有前弹射杆，它是由固定在下面的可分离环索发射的。

T-2C“橡树”

没有几架美国海军的“橡树”飞机喷涂的是伪装色。这种飞机的垂尾上喷有一只握有“破碎米格飞机”的拳头，这表示飞机属于第VF-43飞行中队。

后座椅抬起了0.25米（9英寸），使得教官能超过学员的头部获得好的前视野。T-2是第一种具有这种设施的教练机。

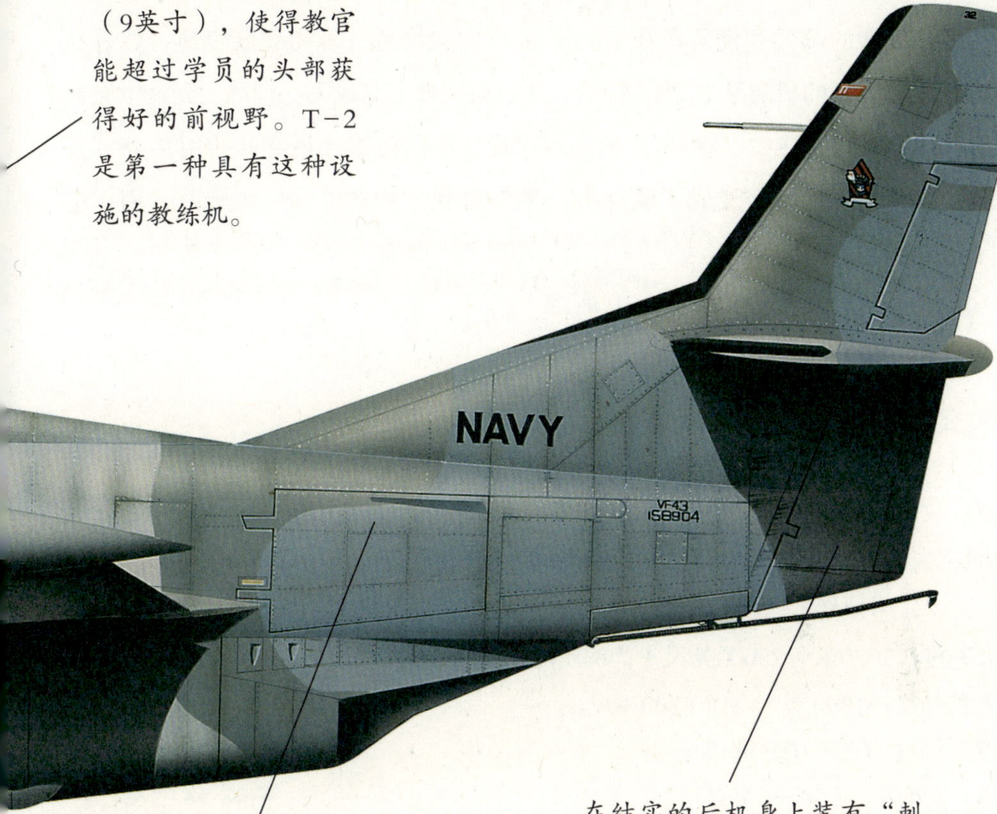

在结实的后机身上装有“刺型”拦阻钩。拦阻钩可钩住横在航母甲板上的拦阻索。拦阻索在拉紧状态下就会伸出去，拉住“橡树”飞机。

在后机身的一侧装有一个大型的减速板。在海上飞行时，精确的速度控制很重要。

舰母舰载机的引路者

当美国海军需要一种多功能舰载喷气教练机的时候，北美公司提出了一种设计。这个公司的NA-241（被海军成为T2J，后又重新命名为T-2）飞机把较早设计的经过批准的部件和设备攒在了一起，其中包括FJ-1的机翼和T-28“特洛伊”的操纵系统。当T-2“橡树”下线的时候，北美公司把名字改成了罗克韦尔国际公司。

20世纪50年代晚期，海军空中训练司令部接收了第一架T-2“橡树”飞机。在一般情况下，在T-28“特洛伊”上接受过训练的飞行员（后来在T-34“教练”上）直接到“橡树”上进行中级训练并取得登舰资质，然后在TA-4J天鹰上完成飞行训练。到20世纪90年代，美国海军才最终开始用T-45“苍鹰”替代“橡树”和“天鹰”，用作中级和高级训练。

T-2C“橡树”飞机

类型：双座中级喷气教练机

动力装置：（早期型号）1台15.1千瓦（3400磅）推力西屋公司J34-WE-6涡喷发动机；（较后型号）2台13.1千瓦（2948磅）推力通用电气J85-GE-4涡喷发动机

最大速度：7620米（25000英尺）为840千米/小时（521英里/小时）

最大爬升率：1890米/分钟（6200英尺/分钟）

航程：1685千米（1045英里）

升限：12320米（40400英尺）

重量：净重3680千克（8113磅）；最大起飞重量5977千克（13149磅）

乘员数：学员飞行员坐在前座，教官在后座，载油量2616 升（690 加仑）；290千克（640磅）的轻型炸弹或行李

外形尺寸：翼展　（带翼尖油箱）11.62米（38英尺2英寸）
机长　11.67米（38英尺4英寸）
机高　4.51米（14英尺9英寸）
机翼面积　23.69平方米（255平方英尺）

每个翼尖油箱的容量为390升（103加仑），它们不能抛弃，在油箱的头上都有一个航行灯。T-2的航程性能很好。

宽轮距的起落架使得“橡树”具有稳定的着陆特点。这很重要，因为在航母上着陆很困难，对于学员来说更是如此。

上图：虽然T-2C“橡树”的服役期已到了垂暮之年，但它还是一种优秀的训练平台，通过它可以进入舰载航空兵的危险世界。

效果数据

最大速度

“橡树”经常从陆上基地飞到航母上。航母总是在墨西哥湾。如果学员在转场的时候没有浪费时间的话，训练的价值就会增加。速度快的飞机对进行高速喷气舰载机的飞行很有好处。

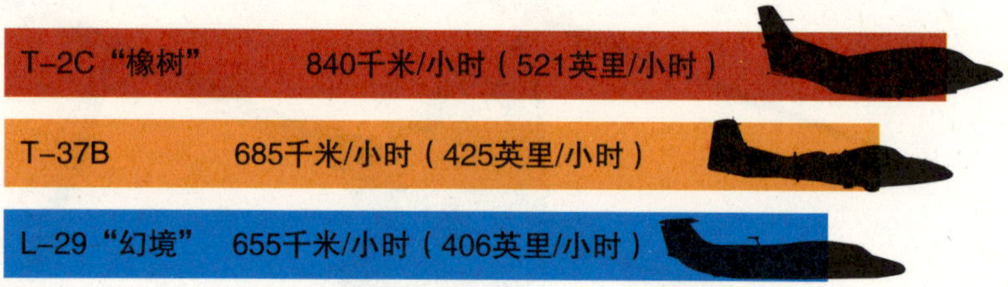

最大推力

功率对于舰载机是很重要的。如果飞机没有钩住拦阻索，飞行员必须使用全功率使得“非净”构型的飞机飞离甲板进行另一次进近。较大的功率使得飞机有较大的载油量和较大的航程。

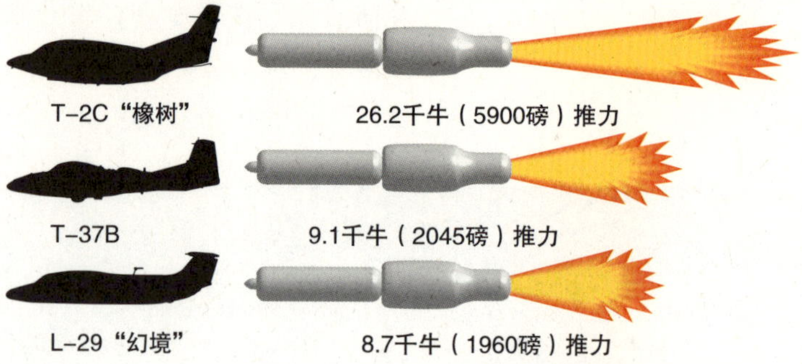

航程

在海上，飞机的航程等于续航性。这就是说，如果学员从舰上起飞，他/她能够在加油之前飞行几圈和练习进近。幻境的航程非常短，但可携带翼下副油箱。

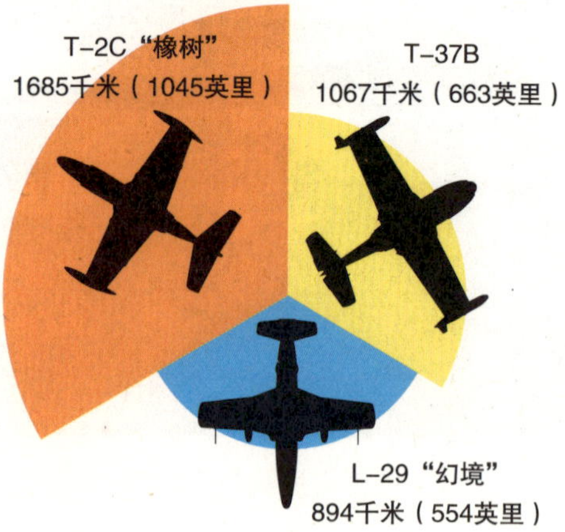

罗克韦尔（ROCKWELL）

T–39“刀鞘”（Sabreliner）飞机

● 通信 ● 雷达教练机 ● 贵宾运送

1956年，美国空军宣布需要一架通用喷气教练机求，由私人出资设计和制造原型机。北美公司在这次推出了N.A.246“刀鞘”作为竞争飞机。这是8种参加竞标的飞机中唯一能够飞行的飞机，随后被美国空军订购，并于1962年开始服役。美国海军及许多外国空军也使用了这种飞机。

罗克韦尔公司T-39“刀鞘”飞机

◀ 军用通用喷气机

大多数美国空军的T-39A主要被用来运送贵宾，在基地与大城市之间接送重要人士。

◀ 好的开端

在原型机首飞后的一个月，美国空军订购了7架这种飞机。

◀ 机群简介

T-39D装有1台Magnavox APQ-94雷达，安装在一个明显加长的天线罩内。飞机用来训练美国海军F-4“幻影”和F-8“十字军战士”的飞行员。

◀ **T-39“曙光”**

这种外表丑陋的飞机是在美国空军服役的最后一批“刀鞘”中的一架。一些飞机在退役前喷涂的是三色的“欧洲1号”的伪装色。

◀ T-39的生产几乎进行了30年，是美国空军和美国海军的一种理想的贵宾运输、联络和训练飞机。

◀ **歼击机的继承机型**

从左图可以看出，T-39有着独特的机翼翼型，使人们想起了北美F-100“超级军刀”截击机。

T-39B飞机档案

- 改装了三架美国空军的飞机，为歼击机武器学校训练F-105G“野鼬鼠”的机组人员。
- 对所有的军用“刀鞘”飞机都进行了民用适航性标准验证。
- 瑞典是美洲之外的唯一有T-39飞机的国家。
- 一些前军用机被整修一新，民用航空公司抢购了这些飞机，用作低成本的商用喷气机。
- 美国海军陆战队的一个订单没有实现。
- 为美国海军制造了十几架CT-39G飞机，用作战术运输机。

驾驶舱可容纳两名飞行员，并排就座。通过机内梯子可以进入到飞机中，梯子就在驾驶舱左侧的紧后面。

从T-39B改型机开始，“刀鞘”都安装了多普勒导航系统和一个全天候搜索雷达，是由北美公司自动控制部自己制造的。

TP86飞机

两架“刀鞘”40飞机在当地的名称为TP86，由瑞典使用，作为试验飞机。在许多已被试验的新系统中，有一种是可以探测到地下物体的机载雷达。

在机尾的顶端有一个防撞灯，可以帮助提供T-39在空中的方位。

“刀鞘”的动力是两台普惠涡喷发动机。这种发动机在美国军队中被称作J60发动机，每台发动机可产生14.68千牛的推力。虽然按照现在的标准发动机的噪声很大，很耗油，维护也很困难，却很可靠。

按照T-39设计时的20世纪50年代的标准，对于亚音速的通用运输机来说，飞机的机翼倾斜角太大。后缘襟翼是电动的。

尾翼是“刀鞘”的明显特点，它是全金属悬臂部件，上面有全翼展除冰带。

一种军用通用喷气机

“刀鞘”在竞标中获胜之后，开始生产，命名为G-39A。在第一批飞机交付了后，美国空军认识到这种飞机作为共和F-105D的雷达教练机非常理想。有6架飞机被改成了这种标准——加长了机头，放置R-14雷达和APN-131多普勒雷达。飞机被重新命名为T-39B。

美国海军也认识到了“刀鞘”适合于进行雷达训练的作用，并订购了一架海军型的飞机，为F-8和F-4幻影训练飞行员和雷达操作员。这42架飞机开始被命名为T3J-1，并配有Magnavox APQ-94雷达。海军也订购了CT-39E进行舰队支持和通信。T-39F是一种改型机，美国空军用它来为“野鼬鼠”任务进行训练，这种改型机是在越南战争期间研制的。

这种飞机在民用市场也获得了成功，型号是“刀鞘”40、60、65、75和80型。几个国家的空军也订购了这些改进型飞机，其中有阿根廷、厄瓜多尔、墨西哥和瑞典等。

20世纪80年代，美国海军的飞机被升级到了G-39N标准，继续担任雷达训练的任务。大多数美国空军的T-39都退役了，只有第453试验中队是这种飞机的最后使用者。

上图：只有一个美国空军的飞行中队继续使用T-39。大多数这种飞机都被长期存放在亚利桑那州，等待它们最后的命运。

上图：CT–39G的特点是有加长的机身，美国海军的几个中队都使用这种飞机，包括驻扎在意大利的VR–24中队。图中的这架飞机是在直布罗陀看见的。

T–39B“刀鞘”飞机

类型：通用运输机和教练机

动力装置：1台14.68千牛（3300磅）推力普拉特·惠特尼J60–P–3涡喷发动机

最大巡航速度：808千米/小时（501英里/小时）

远程巡航速度：764千米/小时（474英里/小时）

初始爬升速度：1692米/分钟（5550英尺/分钟）

航程：3138千米（1945英里）

升限：13700米（45000英尺）

重量：净重4199千克（9238磅）；满载8056千克（17723磅）

乘员数：2名飞行员和最多10名乘客

外形尺寸：翼展 13.54米（44英尺5英寸）
机长 13.34米（43英尺9英寸）
机高 4.88米（16英尺）
机翼面积 31.82平方米（342平方英尺）

罗克韦尔的其他飞机

■**罗克韦尔的“阿尔卑斯山指挥官”**：目标是要打开轻型机的市场，但它在商业上不成功。

■**罗克韦尔的“指挥官”700**：一种大型飞机，双发的700系列是罗克韦尔进入公务飞机领域的机型。

■**罗克韦尔“新星”**：这种双座的轻型教练机是用来替代在美国空军中服役的塞斯纳T-37飞机的。

■**罗克韦尔X-31**：这种多国合资的项目是要生产一种具有过失速机动能力的非常灵活的飞机。

效果数据

最大速度

与当今的主要竞争飞机相比，尤其是洛克希德的“喷气星”和早期的利尔喷气相比，“刀鞘”的性能更好，速度要快得多。有趣的是，所有这三种飞机最后都被美国军队所采购。

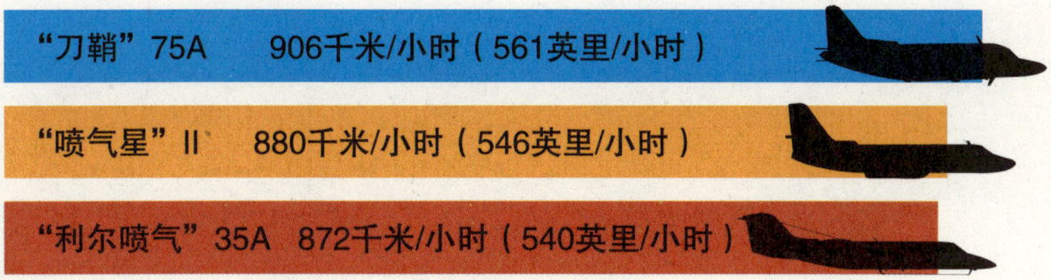

最大航程

“利尔喷气”和“刀鞘”的航程都很大，比安装了耗油的加力燃烧发动机时期的大多数喷气战斗机的航程要大得多。“喷气星”的续航时间最长，所以飞机的体积就较大，有更大的载油量。

乘员人数

“刀鞘”和“喷气星”本来不是大容量的运输机，但仍旧可以在战斗中携带10名或12名乘员。这个因素使得这两种飞机在军事服役结束之后，在民用市场上十分受欢迎。较大的乘客量使得它们比“利尔喷气”系列占有优势。

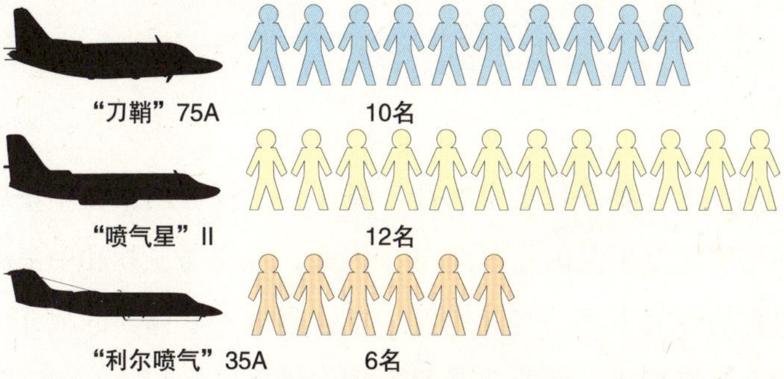

塞维尔斯基公司（SEVERSKY）

P-35飞机

● 单座歼击机 ● 全金属 ● 可收放起落架

P-35是美国的第一种现代全金属歼击机，于1938年交付给了美国陆军航空兵之后，证明它的性能不够。与其他更现代的盟军的歼击机相比，它的武器配备不足，操纵困难，很快就被淘汰了。因此，当它与三菱和中岛的歼击机在日本猛烈攻击菲律宾的战斗中交手的时候损失惨重。

塞维尔斯基P-35

◀ **出口型**

EP-106是60架供给瑞典的飞机的命名名称。订单总计有120架飞机，但交付在1939年停止了。

◀ **双黄蜂发动机**

P-35的一个非常突出的特点是它的紧紧罩住的双黄蜂星形发动机。

◀ **单薄的机翼**

P-35的优雅的椭圆形机翼非常薄，只允许把起落架部分收回。

P-35在美国陆军航空兵歼击机竞争中击败了柯蒂斯公司的"鹰"-75之后，它代表了美国歼击机设计的一次巨大进步。

生产线上的最后一架飞机

塞维尔斯基给最后一架P-35安装了一台895千瓦R-1830-19涡轮增压发动机，命名为XP-41。塞维尔斯基又进一步改进了这种飞机，作为共和P-43枪手的原型机，从P-43枪手又产生了P-47。

参加战斗

由于P-35武器不足，所以在战斗中损失惨重。在菲律宾的48架P-35A中，有40架在头两天与日本人的作战中损失掉了。

塞维尔斯基所研制的飞机

SEV-3：塞维尔斯基的第一个项目是三座的SEV-3两栖飞机，它于1935年创下了两栖飞机的速度纪录。

SEV-3XAR：一种双座陆上飞机，是从SEV-3发展而来的。美国陆军航空兵把30架研制型作为了BT-8教练机。

SEV-2XP：这种飞机是塞维尔斯基参加美国陆军航空兵飞机竞争的飞机。飞机在运输中受损，修理了之后被称为P-35。

AT-12：许多SEV-2PA都是从苏联和瑞典的订单转过来的，在美国陆军航空兵中被用作AT-12教练机。

P–35飞机档案

- P–35试用了更细致的设计，如封闭的驾驶舱、恒速螺旋桨和可收回起落架。
- P–35是美国的第一种现代全金属单翼歼击机。
- 1938年，第1追击大队的三个中队都接收了P–35飞机。
- 当日本攻击珍珠港的时候，P–35构成了菲律宾的整个防空体系。
- P–35还供应给了厄瓜多尔和菲律宾空军。
- 出口型飞机卖给了瑞典皇家空军。

虽然对P–35进行了很大的改动，它仍旧类似较早的SEV–2XP设计。在驾驶舱玻璃窗的设计上尤其如此，玻璃窗伸到了驾驶舱的后面一点儿。

在发动机整流罩的上段的槽内安装了两挺7.62毫米（0.3英寸口径）的同步机枪。

由于竞争的歼击机都是可收回起落架，所以，塞维尔斯基为P–35设计了一种较粗糙的起落架系统。当起落架收回的时候，机轮是半暴露的。

EP-106飞机

这是瑞典飞机，服役时被称作J9，转给了美国陆军航空兵之后重新命名为P-35A。这种飞机在1942—1943年间在第8飞行中队服役。

歼击机尾翼的非金属部分是舵面。所有舵面都覆盖了织物。在塞维尔斯基公司变成了共和公司之后，垂尾和方向舵的形状带到了P-43上，最后带到了P-47“雷电”上。

P-35的大部分机身都是金属的。椭圆形的机翼使人们想到了“喷火”的机翼以及悬臂式机翼。

P-35的后轮是全收回的。当后轮收回的时候，两扇门把它盖了起来。塞维尔斯基为美国海军生产了一种带钩的改型机，但飞机的不良性能阻止了飞机的生产。

塞维尔斯基的超级歼击机

虽然P-35很结实，但性能不够。当最后一架飞机于1938年8月交付的时候，人们已经要淘汰它了。

最初的P-35飞机于1941年从前线上撤了下来，但未给瑞典交付的飞机继续在美国陆军航空中服役，命名为P-35A。这些飞机在菲律宾受到了日本飞机的重创。在敌人攻击的头两天之后，48架飞机中仅有8架还能飞行。那是第一次也是最后一次用这种飞机作战。

P-35的武器对于"现代"歼击机来说是完全不够的，尤其是与同期的英国"喷火"和"飓风"或德国的梅塞施米特式Bf109型飞机相比。飞机的交付非常迟缓。1938年，美国陆军航空已经开始重新考虑P-35飞机的问题了。最后，美国陆军航空订购了210架柯蒂斯P-36飞机，这种飞机曾在与P-35的竞争中输给了P-35，位居第二。

上图：双座的塞维尔斯基2PA-L是以P-35为基础的，于1938年3月被苏联购买。飞机的动力是1台746千瓦（1000马力）莱特R-1820发动机。

上图：这张战前照片是第27追击中队的P-35。飞机喷涂的是代表那个时期的艳丽标记。

P-35A飞机

类型：单座歼击机

动力装置：1台783千瓦（1050马力）普拉特·惠特尼R-1830-45 14缸气冷星形活塞发动机

最大速度：4359米（14300英尺）为499千米/小时（310英里/小时）

初始爬升速度：585米/分钟（1919英尺/分钟）

最大航程：1529千米（950英里）

升限：9571米（31400英尺）

武器配备：2挺12.7毫米和2挺7.62毫米机枪，最多为159千克（350磅）炸弹

重量：净重2075千克（4575磅）；最大起飞重量3050千克（6724磅）

外形尺寸：翼展 10.97米（36英尺）
机长 8.18米（26英尺10英寸）
机高 2.97米（9英尺9英寸）
机翼面积 20.44平方米（220平方英尺）

效果数据

最大速度

虽然P-35A比早期的Bf 109的速度快，却比不上Bf 109E。当P-35A在菲律宾受到日本的“零”式战斗机重创的时候，Bf 109E正在欧洲的上空作战。

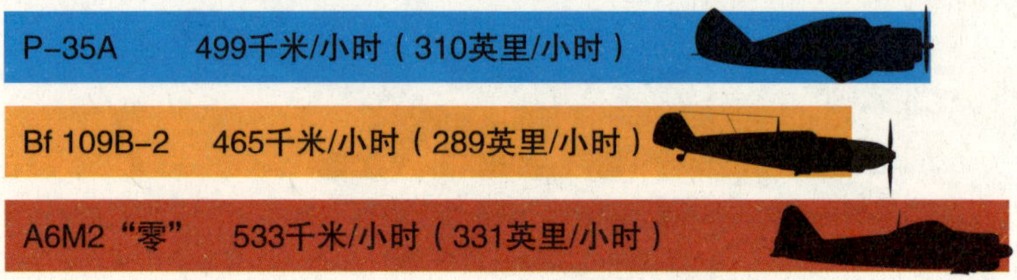

航程

远航程对于任何歼击机都是必要的，而P-35A的航程是极其突出的。在一架飞机要进行最后一搏的时候，速度、机动性和火力就更重要了。

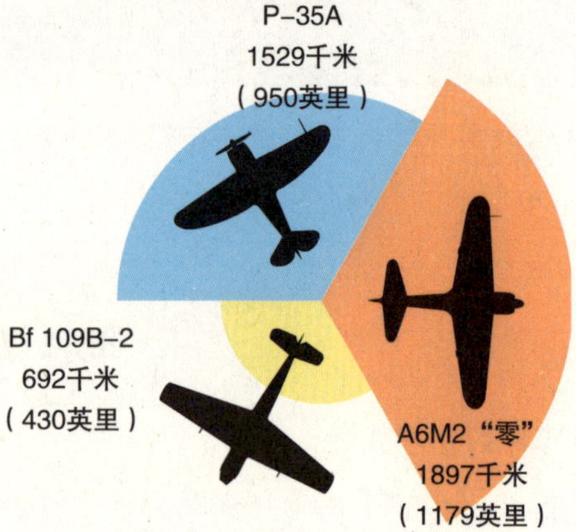

武器配备

与早期的Bf 109B-2相比，P-35A的武器完备。然而，梅塞施米特式战斗机有这方面的问题，这与塞维尔斯基不同，它的其P-35A不适合安装A6M2航炮。

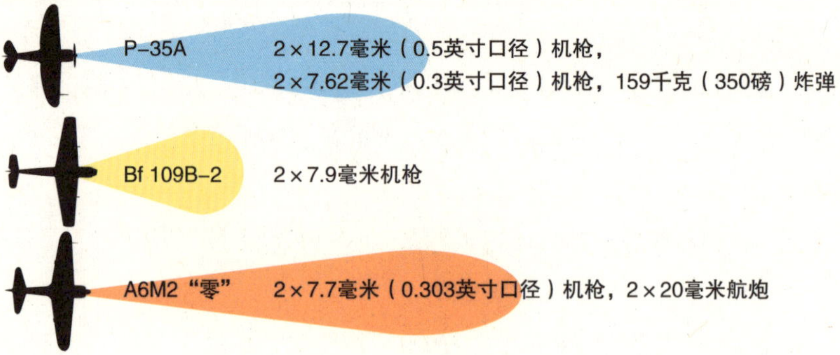

西科斯基公司（SIKORSKY）

R-4/R-5直升机

● 第一架生产型直升机 ● 成功的设计 ● 战时服役机型

许多人认为，直升机在二战中的作用仅限于进行实验飞行。美国陆军航空兵对直升机的使用远远超过了试验，而西科斯基的小型R-4在整个战争期间进行了一些很有意义的飞行。飞行员们发现自己面临着一个全新的飞行领域，而军用直升机的潜力很快就被认识到了。直升机是一个搜救平台，是救命的飞机。

西科斯基公司R-4/R-5

◀ 西科斯基的R-4完全可以被认为是世界上第一种真正的生产型直升机。这种直升机于1939年首飞，随后在美国陆军航空兵、皇家空军和皇家海军服役。

◀ **开始生产**

在飞行试验成功之后，在1942的早些时候，R-4开始在康涅狄格州的斯特拉特福进行生产。

▲ **英国直升机评估**

在美国军队订购了R-4之后，在海外也有少量的这种飞机。英国皇家空军和海军航空兵部队在二战就要结束的那几个月对它进行了评估。这种飞机在英国服役时被命名为盘旋飞行Mk I。

▲ **“驮马”的先驱**

虽然R-5是成功的，重新设计产生了S-51，这种飞机在产生旋翼机飞行的理念方面比其他直升机的贡献都大。

◀ **自然发展**

在R-4之后是一种稍大的直升机R-5。图中是其早期构型，带有尾轮起落架。

▲ **与众不同的外表**

与后来的设计相比，R-4是一种笨拙的飞机，特点是覆盖了织物的盒形翼梁机身。

R-4B飞机档案

- 1945年4月21日，一架加拿大的R-4成为第一架在北极拯救了一名被击落的飞行员的直升机。
- 总共订购了30架生产型飞机（YR-4A和YR-4B）。
- 美国陆军航空兵的R-4被用来在太平洋拯救被击落的机组人员。
- 当转产改进的R-5/S-51系列直升机的时候，总共制造了130架西科斯基R-4。
- 一架西科斯基R-4是在海上着陆的第一架真正的直升机。
- 1942年5月17日，一架XR-4飞行了1224千米（760英里）的距离，从斯特拉特福飞到了代顿。

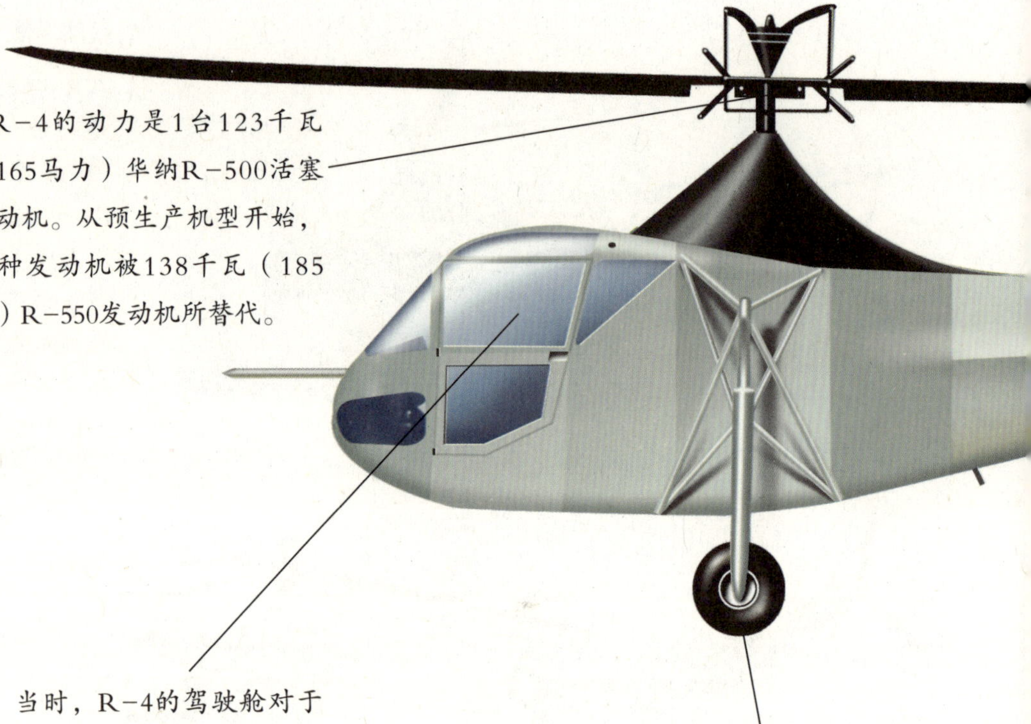

XR-4的动力是1台123千瓦（165马力）华纳R-500活塞发动机。从预生产机型开始，这种发动机被138千瓦（185及）R-550发动机所替代。

当时，R-4的驾驶舱对于许多飞行员来说都是怪异的——机长坐在右座上。飞机的驾驶很容易，飞行员只需几个小时就可单独驾驶了。

R-4首创的另一个特点是可互换的起落架。在美国海军舰艇上服役的R-4B通常装有浮筒。

R–4直升机

在初始试验中，R–4整体喷涂的是银色，带有彩色徽章。飞机在战时喷涂的是褐绿色，使得易受攻击的R–4有了一点儿伪装。

所有的R－4都装有三叶主旋翼。为了减小重量，主旋翼是用云杉木制成的。但在太平洋上进行救援飞行的时候，事实证明这是有问题的。

在进行试验的时候，直升机的尾桨是水平安装的，桨毂朝天。虽然飞机升空没有什么问题，但稳定性和方向性控制却仍旧很困难。XR－4被恢复到了人们更熟悉的布局。

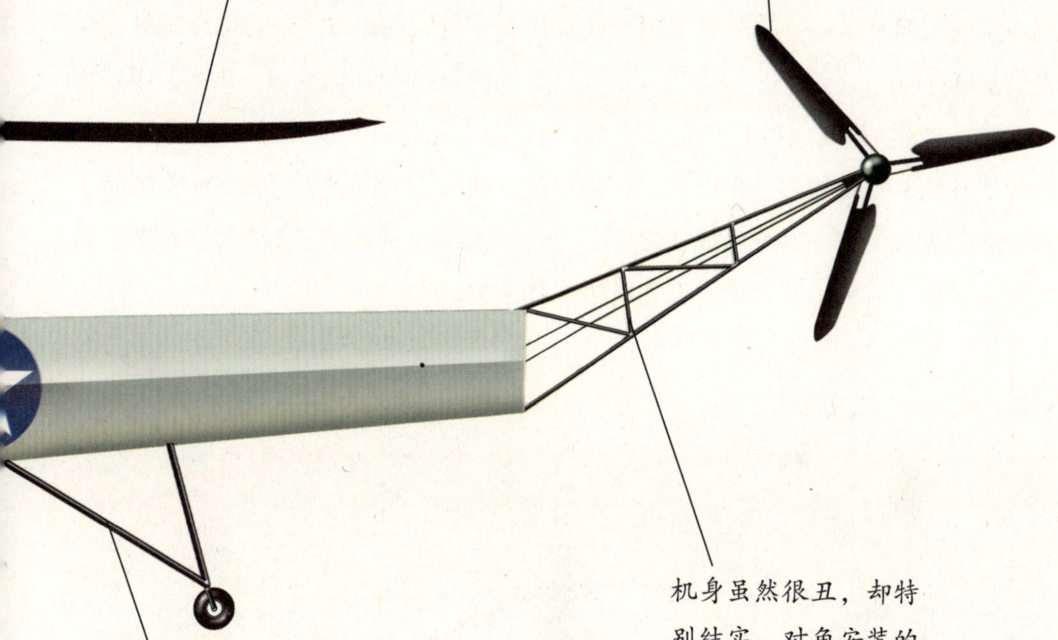

机身虽然很丑，却特别结实，对角安装的梁增加了机身的刚性和强度。机身的后段是暴露的。

由于机身向上特别细，当飞机停在地面的时候，就需要一个非常长的尾轮保持飞机水平。

旋翼勇士

伊格·西科斯基终于在1939年驾驶自己的第一架旋翼机成功飞上了天空。飞机被称作VS-300，它是世界上真正的直升机的研制中发挥主要作用的飞机，这架飞机就是令人惊异的西科斯基R-4。1941年，随着VS-300的飞行速度达到了113千米/小时（70英里/小时），这一点就很明显了——建造更实用的直升机是可行的。

随后产生的XR-4的特点是具有封闭的驾驶舱、并排的两个座椅和一台华纳R500活塞发动机。在试验成功之后，美国陆军航空兵下了30架生产型飞机的订单（3架YR-4A和27架YR-4B），后来又增加了100架装有动力更大发动机的R-4B。R-45是直升机研制的先锋。1943年5月6日，一架早期的生产型飞机成为第一架成功地在舰上降落的直升机，在邦克·希尔号航母上降落了。

西科斯基把R-4作为一个基础，又研制了较大的R-5，它的特点是具有全金属的机身和其他改进。R-5于1943年首飞，但直到二战后才开始服役。但是，事实证明它是一种极为成功的飞机，大约总共制造了379架，后来被称作S-51。

上图：卡尔·弗兰克·格雷戈里帮助设计了R-4，是第一位把直升机降落在舰艇上的人。

上图： 这张照片是唯一把西科斯基R-4、R-5和R-6放在一起的照片。在照片中已经能看出直升机的发展了。

R-4B直升机

类型： 实验、训练和搜救直升机

动力装置： 1台138千瓦（185马力）华纳R-550-3“超级圣甲虫”活塞发动机

最大速度： 120千米/小时（74英里/小时）

续航时间： 2小时

初始爬升率： 45分钟为2440米（8000英尺）

航程： 209千米（130英里）

升限： 2440米（8000英尺）

重量： 净重913千克（2008磅）；满载1153千克（2537磅）

乘员数： 2名飞行员，并排坐

外形尺寸： 旋翼直径 11.60米（38英尺1英寸）

机长 14.65米（48英尺1英寸）

机高 3.78米（12英尺6英寸）

机翼面积 105.30平方米（1133平方英尺）

西科斯基公司早期的直升机

■**西科斯基R-6**：在更新更具流线型的机身上安装了R-4的发动机和变速箱就产生了R-6。交付给皇家空军的这种直升机命名为“盘旋飞行II”。

■**西科斯基S-52**：这种小型直升机的差别是第一种带有全金属旋翼桨叶的机型，它创下了全国直升机速度和高度的纪录。

■**西科斯基S-55**：S-55于1952年开始服役，大量的这种直升机在美国陆军和空军中服役，名称为H-19，是在法国和英国授权生产的。

效果数据

多旋翼： 在R-4之前的西科斯基最成功的试验台是VS-300。这种外表怪异的飞机于1939年9月14日首飞。西科斯基对旋翼机概念的实验已经进行了许多年，但直到20世纪30年代晚期，当时的技术才能保证造出可以飞行的样机。这种三旋翼的设计仅仅是在VS-300上试验的一种构型。

新的设计： 在对许多种构型进行实验之后，西科斯基发现，稳定性和方向性的控制问题可以通过在机尾上安装一个反扭矩的旋翼解决。从那以后，绝大多数的直升机都采用了这种构型。这种设计类似于最终在R-4上所出现的构型。

西科斯基公司（SIKORSKY）

S-51/R-5直升机

● 救援直升机 ● 水陆两栖设计 ● 邮递服务

在R-4成功了之后，美国陆军航空兵发出了需要一种较大的能够执行观察任务飞机的需求。西科斯基的327型的设计就是要满足新规范，并享有R-4的基本布局。它是一种全新的设计，两名飞行员一前一后坐在更具流线型的机身内。西科斯基从R-5又发展了S-51民用直升机。

西科斯基S-51/R-5

◀ **飞行的天使**

西科斯基S-51确保伤员可以很快得到医治，从而拯救生命。这架飞机运载了两名伤员，正飞往一家医院。

◀ **播种飞机**

S-51上面有播种装置，它的民用用途很广泛，可作为救护和多用途飞机。

◀ 在一次演示中，这架S-51从一个平台上救助一名加拿大军队的士兵。西科斯基直升机表现了杰出的操纵品质，这对于救援工作是至关重要的。

◀ **在早期的日子里**

这架小型R-5上的机身板被拆除了，要进行发动机试验，这一点是很显然的。

◀ **在甲板上起降**

S-51摇摇晃晃地降落在炮塔上，把一位将军送回了舰艇。

◀ **浮在水面上**

一架美国海岸警卫队的H-5降落在水上，它的应急浮袋也打开了。

西科斯基的救援直升机

西科斯基HO5S-1：HO5S-1是在S-51之后不久研制的，舱内面积较大，可容纳更多的人员。在朝鲜战争中它与S-51一起使用，在美国海军和海军陆战队中服役。朝鲜战争结束后由美国海岸警卫队使用。

西科斯基H-19：直升机的继续研制诞生了H-19，它是最成功的早期设计，由韦斯特兰在英国进行授权生产。人们经常可以看见这种直升机把人从海上救回来，就像这架美国空军的直升机一样。

西科斯基HU5-1A：许多直升机在水上飞行的时候都安装了浮筒，可以在海上降落。这在进行救援的时候是非常可贵的。虽然这样很有效，但浮筒可造成直升机的性能损失，许多飞行员都不愿意在海上降落。

R–5B飞机档案

- 韦斯特兰公司在英国授权生产了R–5，名称为WS.51“蜻蜓”，是为皇家空军、皇家海军和民用用户而生产的。
- 9架HO3S–1是美国海岸警卫队的飞机，命名为HOS3S–1G。
- 在朝鲜战争中，HO3S–1在HU–1飞行中队服役，表现突出。
- 1950年，西科斯基制造和试验了一架XHO3–S3，飞机带有重新设计的旋翼头和桨叶。
- 按照皇家空军的要求，两架XR–5A装有英国仪表。
- R–5B、R–5C和HO3S–2是计划中的改型机，但后来被撤销了。

驾驶舱可以容纳两名机组人员前后落座。飞行员有良好的视野，适合进行搜索和救援工作。

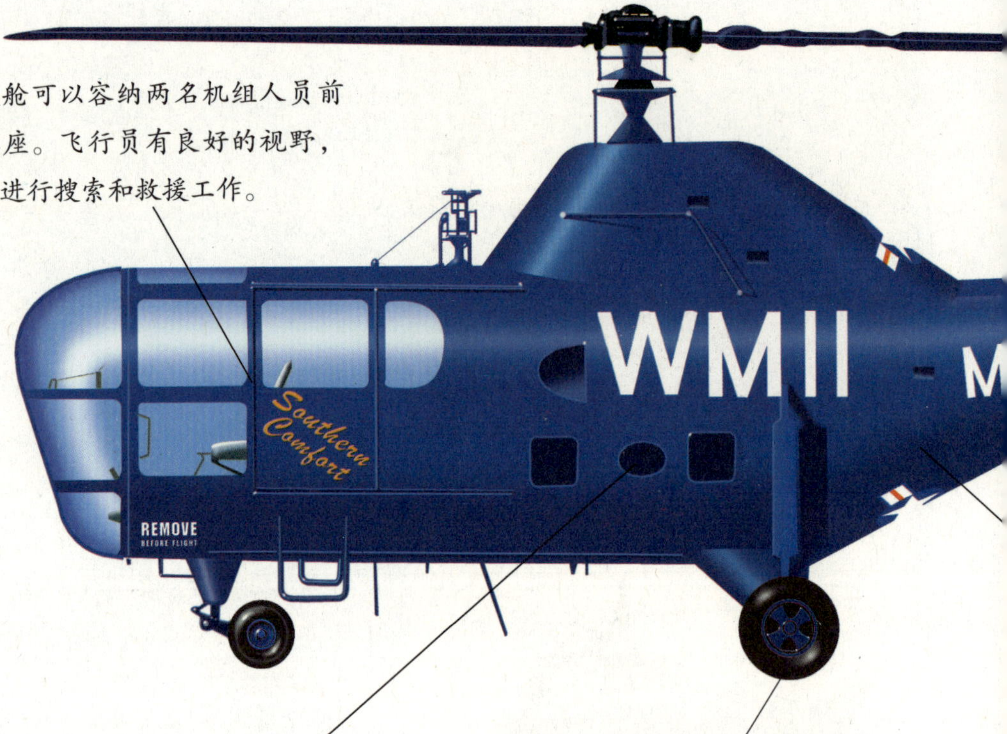

可以在直升机舱内的两侧安装两副担架撤离伤员，扩展飞机的能力。

直升机上安装的是标准的三轮起落架，在起落架上可以连接浮筒，在水上进行救援。

H-5直升机

这架飞机的机头上有“南部救援机”的字样，在朝鲜战争中在MAM-33中队服役。直升机在日本海上空巡逻，寻找落水的飞行员。

在R-5上安装了三个主旋翼桨叶，产生了足够的升力，使得直升机具有惊人的性能。

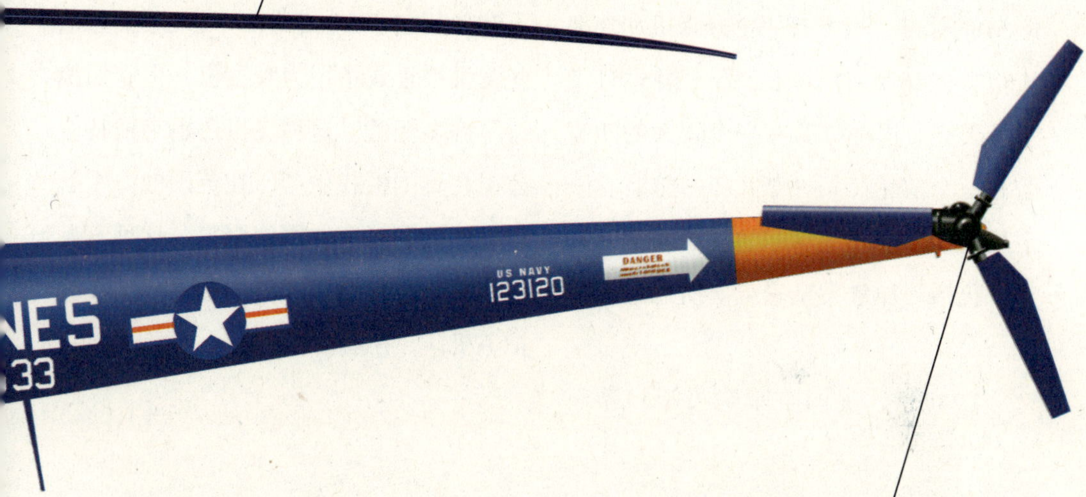

仅仅一个尾桨就可以使得飞机具有良好的低速操纵性，在进行悬停的时候尤为如此。许多坠落的机组人员都认同这个事实。

机身是全金属设计，这比较早的盖有织物的R-4有重大改进。这种设计具有坚固性，这对很快就要在战区飞行的直升机来说至关重要。

第一种救援直升机

一共制造了5架原型机，命名为XR-5。第一架于1943年8月18日飞上了天空。动力是在机身上安装的1台336千瓦（450马力）普惠R-985星形发动机。在原型机之后制造的是26架YR-5A评估飞机和34架R-5A试用飞机，在这些飞机上可以安装担架撤离伤员。

这些R-5A是空中救援队所使用的第一种直升机。其中有21架被改成了R-5D的标准，机上有一个升降机和外部油箱。1946年2月16日，第一架S-51飞上了天空。这种机型有一个较大的四座舱和一个前轮（第一架R-5的舱后有一个尾轮），总重较大。总共制造了200架，包括为加拿大皇家空军所制造的飞机。

1947年，美国空军购买了11架，命名为R-5F。从1948年6月开始，R-5家族被重新命名为H-5。1947年晚些时候后，空中救援队又购买了H-5G（在H-5F的基础上增加了升降机和其他设备）。1949年制造的最后一批H-5飞机是16架H-5H，飞机配有轮子和浮筒组合起落架。

1945年晚些时候，美国海军接收了3架R-5A，命名为HO2S-1，后来又订购了88架相当于H-5F的HO3S-1。虽然这些飞机被正式指定为观察机，但它们执行了许多任务。这种飞机还由韦斯特兰公司在英国授权生产，在英国的海军航空兵部队和皇家空军中服役。这种直升机在皇家海军服役的时候被用作“飞机护卫机”，在航母上起降。

上图：图中的这架H-5进行救援了之后正在返回。这种飞机是20世纪50年代美国空军的主要空中救援直升机，对军人和平民进行救助。

上图：这是第一种美国的水陆两栖直升机，新的轮子和浮筒组合设计大大地改善了飞机的性能。

R-5B直升机

类型：双座/四座救援和通用直升机

动力装置：1台336千瓦（450马力）普拉特·惠特尼R-985-AN-5星形活塞发动机

最大速度：171千米/小时（106英里/小时）

巡航速度：137千米/小时（85英里/小时）

初始爬升率：15分钟为3048米（10000英尺）

航程：579千米（360英里）

升限：4390米（14400英尺），带有作战载荷

重量：净重1715千克（3773磅）；起飞重量2189千克（4815磅）

外形尺寸：主旋翼直径 14.63米（48英尺）
机长 17.40米（57英尺1英寸）
机高 3.96米（13英尺）
旋翼桨盘面积 168.15平方米（1809平方英尺）

效果数据

最大速度

韦斯特兰授权制造的飞机称作“蜻蜓”。西科斯基R–5显示了直升机的快速改进——比西科斯基R–4B的速度有优势，而R–4B这种设计仅仅是几年前才有的。这种现象有出现在了“旋风”上，它的舱内面积较大。

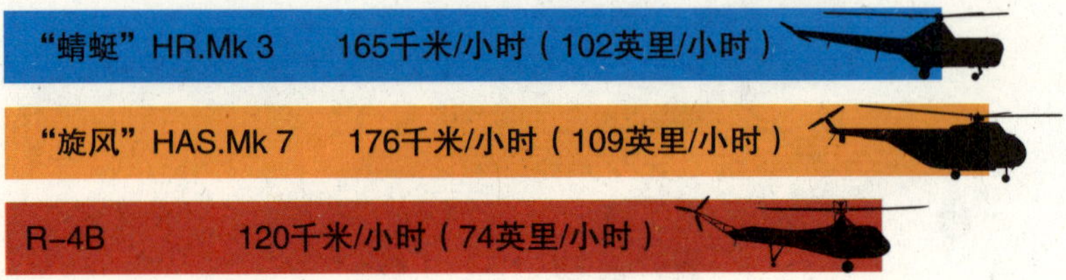

升限

“蜻蜓”虽然比“旋风”小，但它在早期的直升机中具有最高升限。但在进行救援的时候，由于安装了升降机和副油箱，升限就降低了。

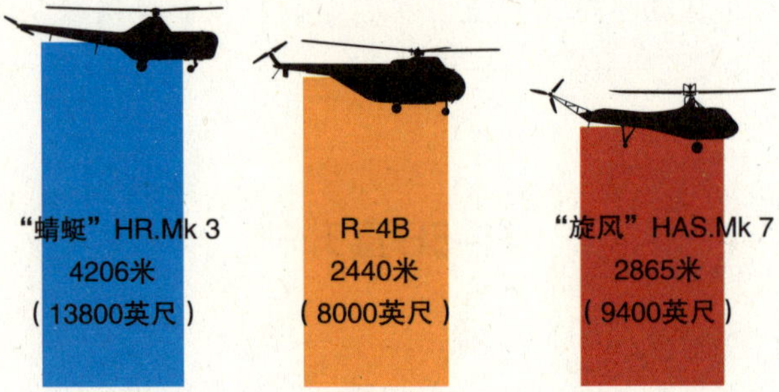

载重量

“蜻蜓”的小机身限制了它的运载量，只能运载很少的载荷量。事实证明“旋风”的较大机舱面积是很实用的，能够运载被救人员、士兵和医护人员。

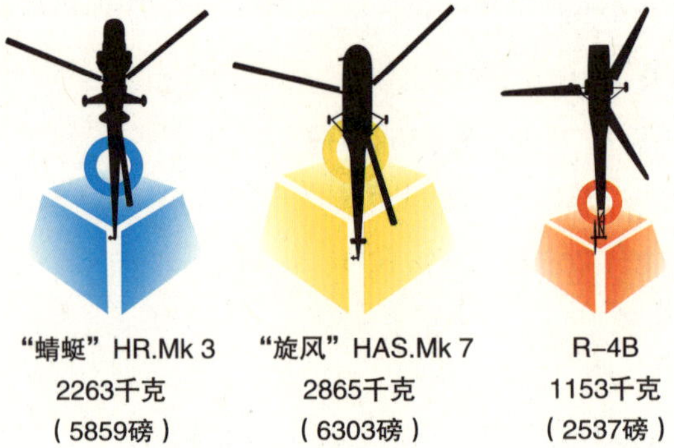

西科斯基公司（SIKORSKY）

S-55/H-19直升机

- 从朝鲜退役
- 开创了空运部队
- 海空救援

S-55是西科斯基一系列成功的直升机中的第一种。S-55在开始的时候是活塞发动机驱动的直升机，运载量很有限。后来换上了涡轮发动机，运载量很大，可执行各种任务，包括空运部队、海空救援、短程运输、货物调运和反潜巡逻等。S-55参加了朝鲜战争。在20世纪80年代仍旧提供军用和民用服务。

西科斯基S-55/H-19直升机

◀ **活塞发动机动力**

又大又笨的星形发动机就在两扇蛤壳式舱门的下面。工程师们喜欢这样，因为这样使得维护发动机很方便。但直升机与大型活塞发动机的结合就没有真正成功过。

◀ **货物升降机**

在落基山托运圆木是较早的直升机所不具备的另一种能力。当在高空运载货物的时候，对动力十足的涡轮发动机的需求就显现的具更明显了。

◀ **悬吊货物**

在联合国部队被绕过或被包围的情况下，直升机把供给品从机场运送给部队的能力在朝鲜是很有用的。狭窄的机身更适合悬吊货物，而不是使用空间狭小的机舱装载货物。

◀ **运送部队**

S-55能运载10名全副武装的士兵的能力被用来进行一种全新的战争，即直升机攻击。S-55在世界各地参加战斗，从马来半岛到阿尔及利亚。

◀ S-55是第一种真正实用的大型直升机。它功绩显赫，经常参与战争。安装了涡轮发动机之后，它的动力更大，显现出了它的多功能性。

◀ **漂浮自如**

从一开始，直升机的独特能力就使得它适合于在海上使用。带有浮筒的S-55多年来都被用作救援直升机。

H-19B直升机

美国空军使用的S-55为H-19A和H-19B，执行海空救援任务。同样的机型在美国陆军中被称作H-19“契卡索”。

进行搜救的S-55的右侧安装了一个绞盘。

S-55是全金属旋翼，这是对早期直升机的木质旋翼的重大改进。三叶旋翼使用的是传统铰链。

又宽又稳的起落架对于高大的S-55很重要，发动机的重量很小。由于外形的原因，早期直升机经常会遭受“地面谐振”，有时候会造成事故。

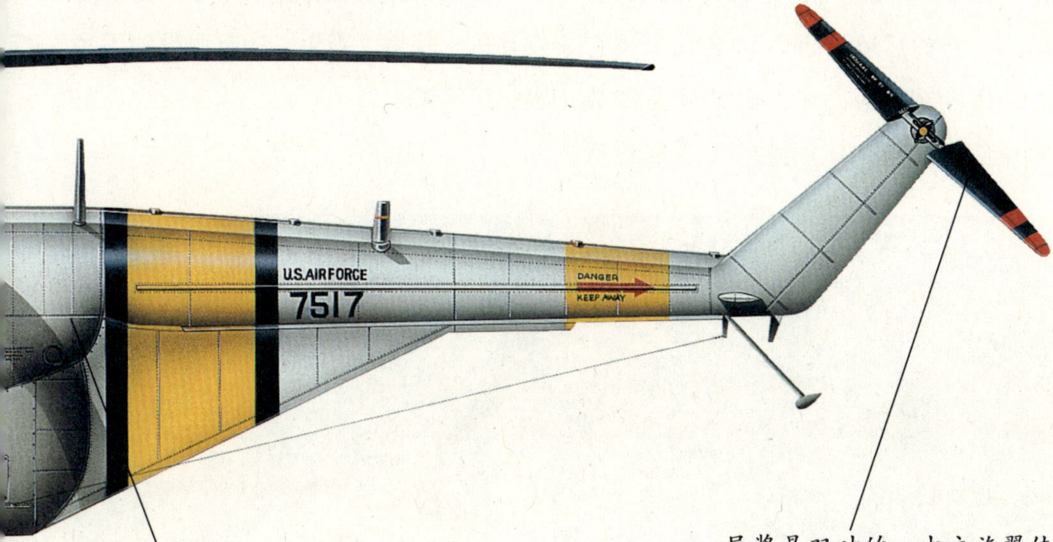

尾桨是双叶的，由主旋翼传动机构的一根长轴驱动。

主机身是传统的铝镁半硬壳式结构，除了铬钼合金钢的旋翼塔座之外。

第一种西科斯基的直升机

直升机到了1945年之后才成熟，而直升机型号的发展要归功于伟大的伊格·西科斯基先生。他在开创了S-51之后，开始为美国空军制造一种通用直升机，命名被SH-19。而厂家称之为S-55，于1949年11月飞上了天空。这种直升机的动力是普惠的星形活塞发动机，类似于战时歼击机所使用的发动机。驱动轴从驾驶舱的下面连接到旋翼上。S-55的后舱可携带10名人员，它立即获得了成功，在朝鲜开始参加战斗。这种直升机由韦斯特兰在英国授权制造，在驻扎在马来半岛的皇家海军的“丛林”飞行中队服役，把突击队员们投放到森林中去。

法国的S-55在阿尔及利亚服役，把安哥拉解放阵线追赶到阿特拉斯山里。在从非洲沙漠到越南丛林的无数次战斗中，S-55运送了数千名士兵，执行了无数次伤员撤离任务。后来，这种直升机安装了涡桨发动机，换下了笨重的活塞发动机，获得了新生，一直服役到了20世纪90年代。

上图：S-55与苏联的米-4相似。这两种机型为使用直升机在特殊条件下执行特殊任务提供了有价值的新经验。

S-55（H-19B）飞机档案

◆ 美国陆军的H-19型被称作“契卡索”。

◆ 美国海军的HOS-4型被用来执行反潜战争的任务。

◆ 韦斯特兰制造的S-55有时候使用的是阿尔维·莱昂尼德斯·马霍尔活塞发动机或诺玛涡轴发动机。

◆ 在阿尔及利亚的法国的S-55在演习中使用的是火箭弹和机枪。

◆ 美国陆军在20世纪80年代早期仍旧使用最后的几架H-19直升机。

◆ 在一次飞行特技表演中出了差错——一架皇家空军的“旋风”拖着一名骑在自行车上的特技演员穿过了树林。

S-55（H-19B）直升机

类型：10人通用直升机

动力装置：1台522千瓦（700马力）莱特R-1300-3星形活塞发动机

最大速度：180千米/小时（110英里/小时）；巡航速度146千米/小时（90英里/小时）

航程：580千米（360英里）

升限：3940米（12923英尺）

重量：净重2381千克（5238磅）；起飞重量3583千克（7883磅）

武器配备：无固定配置，参战时安装了机枪和火箭弹

载重量：10人或最多8副担架

外形尺寸：旋翼直径 16.16米（53英尺）

机长 12.85米（42英尺）

机高 4.07米（13英尺）

旋翼将盘面积 204.94平方米（2205平方英尺）

在世界各地服役

■**美国军队S-55：**S-55被称作H-19（空军）、H-19“契卡索”（陆军）、HO4S（海军）及HRS-3（海军陆战队），是第一种大量服役的直升机。

■**成功出口：**S-55的性能远远超过了西方的任何一种直升机，因此被卖到了世界上十几个国家，包括加拿大在内。

■**皇家直升机：**S-55中最奢华的直升机是安装了涡轮发动机的韦斯特兰制造的“旋风”，它是英国女王的飞机，一直使用到了20世纪60年代末期。

效果数据

最大速度

最早的直升机远远谈不上什么灵活了。原来的S-55虽然能够达到180千米/小时的速度，但它巡航时的速度是146千米/小时。苏联的军用直升机出现在S-55之后，虽然与S-55相似，但它大得多，动力也强得多，性能稍好。涡轮发动机驱动的“休伊”于20世纪50年代后期上天，要在许多功能方面替代S-55。

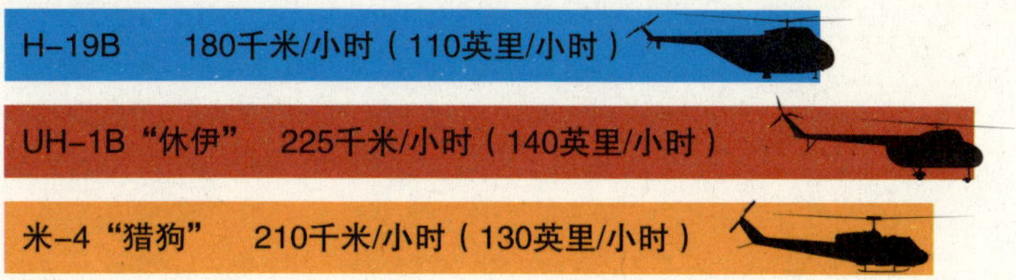

航程

直升机都是费油的，早期的直升机的耗油率非常大。然而，由于它们要执行短距任务（如海岸巡逻、两栖攻击和后勤保障等），它们的航程倒不是什么不利条件了。

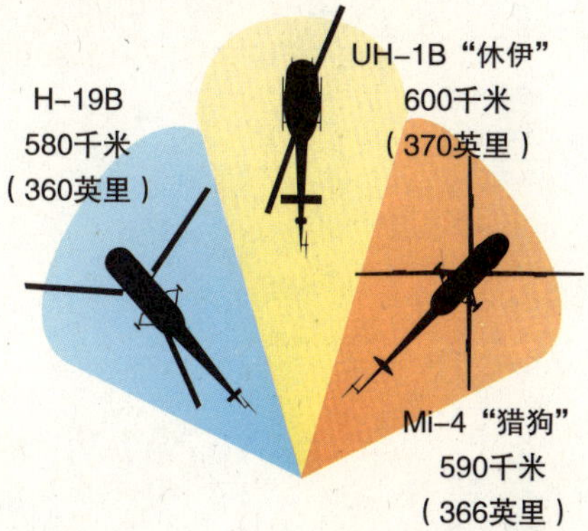

部队运送量

在二战末期服役的直升机必须要携带两名或三名士兵及驾驶员。所以，于1949年首飞的S-55是个新发现。它能够携带10名士兵，毫无疑问地就成为当时能力最强的直升机。20世纪50年代早期，只有军用的米-4直升机超过了它。

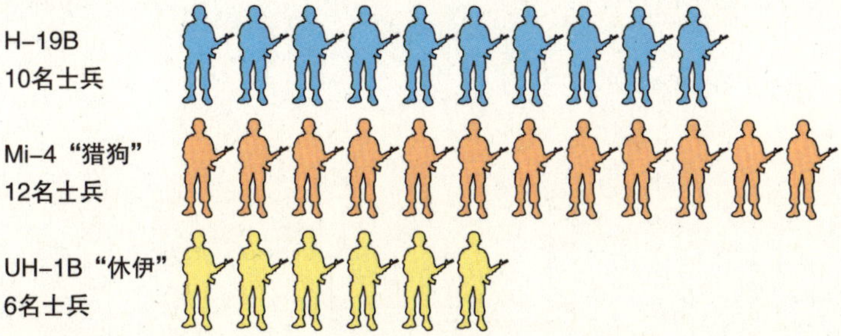